全球营销管理研究

Global Marketing Management Research

赵 娜 著

东北大学出版社
· 沈阳 ·

图书在版编目（CIP）数据

全球营销管理研究 / 赵娜著. —沈阳：东北大学出版社，2022.9
ISBN 978-7-5517-3096-9

Ⅰ. ①全… Ⅱ. ①赵… Ⅲ. ①营销管理—研究 Ⅳ. ①F713.56

中国版本图书馆 CIP 数据核字（2022）第156387号

出 版 者：东北大学出版社
地址：沈阳市和平区文化路三号巷 11 号
邮编：110819
电话：024-83687331（市场部） 83680267（社务部）
传真：024-83680180（市场部） 83687332（社务部）
网址：http://www.neupress.com
E-mail:neuph@neupress.com
印 刷 者：辽宁一诺广告印务有限公司
发 行 者：东北大学出版社
幅面尺寸：170 mm × 240 mm
印 张：13
字 数：240 千字
出版时间：2022 年 9 月第 1 版
印刷时间：2022 年 9 月第 1 次印刷
责任编辑：刘新宇
责任校对：罗 鑫
封面设计：潘正一

ISBN 978-7-5517-3096-9 定 价：39.00 元

前　言

随着我国经济的高速发展，新经济业态发生了很大的变化，如互联网经济已经逐渐取代实体经济成为未来市场经济发展的重要方向。当今社会是一个信息发达、科技飞跃、互联网飞速发展的社会，我们生活在一个日益全球化的世界里。越来越多的企业从事全球化经营，并通过对分布在世界各地的子公司或代理机构的人力、物力、财力等要素进行有效规划、组织、协调、领导和控制，以谋取全球范围内的竞争优势，全球化已经成为一个事实。经济全球化的进一步发展为我国经济贸易的发展带来了新的机遇，越来越多的外资企业涌入我国。激烈的国际贸易市场竞争中，企业需要知识素养高和实践能力强的综合型应用人才。"全球管理研究"作为经济管理类学科的新兴课程，具有知识覆盖面广、实践性强、应用性强的特征。目前我国很多高校都开设了"全球管理研究"这门课程。

本书的内容分为六大模块。具体内容如下：第一模块（第一章）全球营销的理解，主要介绍全球化、全球营销的概念、全球营销的发展阶段及全球营销市场环境方面的内容；第二模块（第二章）全球营销的环境分析，主要介绍全球营销的经济环境、社会文化环境、政治环境和法律环境的相关内容；第三模块（第三章）全球营销调研，主要介绍全球营销调研的意义、调研资料收集及调研过程有关的内容；第四模块（第四章）全球营销计划与战略，主要介绍全球市场细分、目标市场选择、市场定位及海外市场进入战略的相关内容；第五模块（第五章至第八章）全球营销组合策略，主要介绍全球产品决策、全球定价决策、全球分销渠道策略和全球促销策略；第六模块（第九章、第十章）全球营销组织和营销审计及消费者保护和全球营销展望，主要介绍全球营销组织的类型、全球营销审计、消费者保护及全球营销未来发展趋势方面的内容。

本书是作者多年来课堂教学过程中所积累的经验和教学体会，并参考国内外有关图书、教材和资料，由作者独自写作完成。由于作者水平有限，书中难免会出现纰漏与不当之处，敬请广大读者批评指正。

赵　娜

2021年11月20日

目　录

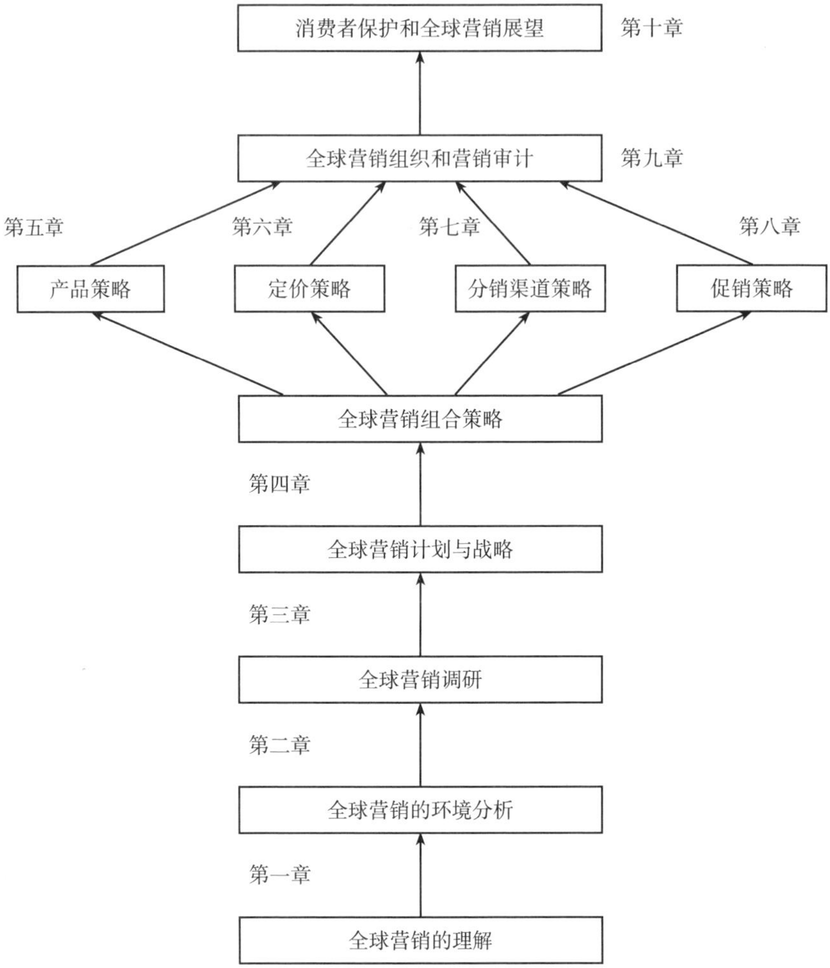
消费者保护和全球营销展望
第十章
全球营销组织和营销审计
第九章
第五章
第六章
第七章
第八章
产品策略
定价策略
分销渠道策略
促销策略
全球营销组合策略
第四章
全球营销计划与战略
第三章
全球营销调研
第二章
全球营销的环境分析
第一章
全球营销的理解

图0　本书研究框架

第一章

全球营销的理解

❶ 全球化的认识

❷ 全球营销的概念及重要性

❸ 国内营销和全球营销的区别

❹ 全球营销的发展阶段

❺ 全球营销市场环境

第一节　全球化的认识

一、全球化的理解

当今，我们正生活在一个以市场的世界化为代表的全球化时代里。随着各国消费者的喜好和需求越来越相似，国家间贸易壁垒的废除促进了整个世界市场的开放，整个世界市场融合成一个大的整体市场，全球化自然而然地融入我们的生活之中。全球已经融合成一个大的整体市场，全球企业的成功例子在我们的生活中随处可见。例如：我们吃的食品麦当劳、肯德基、汉堡王、赛百味，用的苹果电脑、华为手机、三星洗衣机、LG电视，穿的耐克、阿迪达斯、The North Face、Levi's、Guess等，喝的可口可乐、星巴克的咖啡等，已经被我们熟知和习惯。这些全球品牌不仅在中国受到认可，在美国、韩国、日本及欧洲一些国家也都备受欢迎，而且随着国与国界限的消失，这些全球品牌已经深入到世界各地的千家万户。全球化的发展也使得全球企业在制定营销战略时所考虑的竞争环境也变得越来越复杂。随着人们生活水平的提高和经济条件的改善，很多人开始进行国外旅游。韩国、日本、泰国、马来西亚及欧洲一些国家受到我国国民的喜爱，加上受到韩流热风的影响，大多数的国民都希望去韩国旅游观光。当你走在韩国明洞大街上时，你会看到制作韩国烤肉、紫菜包饭、石锅拌饭、排骨汤等各种美食的店铺，你应该不会错过这个好机会去大吃一顿吧。尽管这些饮食看起来与你在国内所见到的没什么特别大的区别，但实际上它们的味道会与你在国内吃到的有所不同。如果情况是这样，那意味着这些产品改变了配方，目的在于满足当地人的口味。也就是说，为了满足中国人的饮食风格和口味，这些饮食产品采取了当地适应化措施。随着互联网技术的飞速发展，数字化沟通和信息透明化带来了移动办公速度的加快、顾客信息充实化及电子技术和商业模式的快速变化。面对激烈的市场竞争，许多企业为了争夺更多的市场份额和顾客资源，采用合理有效的市场营销战略以满足顾客欲求的多样化，从而赢得一定的市场份额，保证企业的生存与发展。因此，我们可以看出，市场营销在企业中的地位变得越来越重要。特别是进行全球化经营的企业，一直都在不断地努力开发和创新对顾客有吸引力的产品和服务，目的是在日益拥挤的全球市场上实现差异化，以取得相对可观的市场占有率，赢得一席之地。

二、全球化的概念及意义

全球化（globalization）这一术语是从1980年后期开始广泛得以使用的。全球化缘起于第二次世界大战后，是由于国际经济的迅速发展、新技术的加速开发、大量生产、国家间交易的增长、通信及运输系统的便利、国内市场购买力的局限性等各种因素而形成的。全球化将全球市场看作一个大市场，与其他因素相比，更重要的是注重全球市场消费者的同质性或类似性。全球化是受全球贸易和投资所驱动的许多国家之间人员、公司、政府互动和整合的过程，结果带来我们所说的全球经济。全球化指朝向一个整合的、互相依赖的单一世界趋势，它受国际贸易的驱动，由于信息技术而成为可能。全球化可以从多个角度来理解：对经济学家而言，全球化指的是全球市场的兴起；社会学家视全球化为生活方式和社会价值观的趋同；政治学家则认为，全球化削弱了国家主权。当国家边界消失，时空距离缩短，世界就成为一个“地球村”。全球化正在改变公司制定营销战略时所必须考虑的竞争环境。电子商务的使用在增长、互联网和手机等技术驱动元素在扩散、交通设施在改进、世界很多地区的政治和经济边界在取消，这些因素使得公司不仅聚焦国内市场，还可以瞄准多样化的全球市场。当全球市场从长期来看联系日益紧密且更具动态性时，企业要想保持竞争优势，就必须对外部环境进行有效监控，并且最大限度地利用公司的特有资源，拥有企业核心竞争力，不断地进行开发创新，才能保证持续有效的发展。

全球化给我们带来了哪些机遇？全球化是受全球贸易和投资所驱动的许多国家之间人员、公司和政府互动整合的过程，结果会带来我们所说的全球经济。贸易自由化意味着对一国产品的需求不局限于本国市场，投资、技术和专门知识能更加自由地跨国界流动，既流向发达国家，也流向发展中国家。贸易自由化的发展给各国的贸易和经济发展带来了不同的利益和成长。随着全球化的普及和发展，我国的企业们纷纷走出国门，融入全球市场大环境中，积极进行全球化经营活动。全球化企业（global company）是指计划将所有功能领域转向世界性的标准化生产的企业。全球化企业与企业的国籍概念相比更重视企业的市场全球化，通过人力、物资的活用、规模经济及相乘效果等方式进而强化企业的世界性竞争力。全球化企业在定义时不仅与企业的规模或销售额无关，与企业活动的国家或地域也无关。即只要是活跃于全球市场中的企业，不论是大企业或小企业、发达国家的企业或发展中国家的企业，都属于全球化企业的范围。

第二节 全球营销的概念及重要性

一、全球营销的概念

全球营销管理是指确定全球市场存在的机会和威胁，制定全球营销计划，根据全球营销计划的组织、控制与实施，从人力资源、财产资源、物质资源等多方面来培养竞争力，以确保企业的竞争力和生存能力。在这里，全球营销是指为充分满足全球顾客的需求所实行的超越国界的产品交换活动。具体来说，全球营销（global marketing）的目的在于将所有营销活动在全球范围内的协调、合理化和整合，这些活动包括市场调研和资料收集、市场细分、目标市场选择、市场定位、营销组合策略等内容。营销活动的全球整合包含开发全球产品、建立全球品牌及制定全球沟通和分销战略。全球营销需要全球营销管理人员比起在本国进行营销活动时倾注于更多的心神和精神，因为它涉及的是在全球范围的国家或地域内进行企业营销活动。它需要协调全球组织设计、发展企业文化、制定员工激励机制、不断研发新产品、寻求新创意，同时还需要重新思考企业各种职能政策和所涉及的项目。图1–1和图1–2为全球市场的例子。

图1–1 星巴克

图1-2　麦当劳

二、全球营销的重要性

进行全球营销的企业以在本国累积的营销经验和经营技术进入全球市场，不仅可以在全球市场里使这些营销经验得以活用，还可以此在全世界内开展营销战略，实现时间、努力、费用的节减，从而带来规模经济的效果。企业在一个海外市场里进行的营销战略，产品、广告、销售等业务得以成功见证和取得收获以后，可以寻求类似的另外一个海外市场，从而将企业开展的营销战略用于该海外市场，人力、物力等方面都可以缩减，从而给企业带来更多的收获和利益。企业的全球营销还可以带来杠杆效应，具体来说有以下几点。

（一）全球企业通过自身积累的经验而活跃于整个世界市场

全球企业凭借自己在本国或某一国的地域市场里进行的经营活动、战略、广告、销售等取得的成功经验转移至与该国市场类似的其他市场里，利用相似的外部环境和企业自身的内部资源在该国或其他国家进行经营活动，从而获得更多的利润和收益。

（二）全球企业可以通过实现规模经济创造更多的收益

全球企业通过在全世界构建的生产系统来实现规模经济。当然由规模经济所带来的杠杆效应并不只局限于生产，在其他领域也得到了见证。例如，著名的韩国三星电子是我们非常熟悉的企业。三星不仅生产电视、冰箱、洗衣机等家电产品，还生产手机、半导体等其他电子产品，在中国、越南、印度、马来西亚等多个国家设有现地工厂和销售网，在整个世界市场里销售产品已取得规模经济效果。全球企业们进行全球化经营活动不仅可以取得集中的规模经济效果，还可以提高自身竞争力和企业的发展动力，实现企业高质量发展。

（三）全球企业还可以通过合理使用企业资源从而提高自身的竞争力

全球企业的主要优势还在于在整个全球市场里合理有效地使用人力、资金、技术、原材料使其得以正确地发挥竞争能力。全球企业通过在整个全球市场里寻求人力、资金、原材料而提高自身的竞争能力，构建核心竞争力。

（四）全球企业最具优势的地方还在于可以实行全球战略

全球战略通过构建整个世界商业环境情报系统为企业提供事业机会、趋势、威胁、支援等一系列战略，从而合理利用企业所具有的技术资源，创造自身的竞争优势，赢得市场份额。

值得注意的是，全球营销和全球市场有着本质上的不同。全球营销是指全球范围内对营销活动的整合和控制，是为了满足全球消费者的欲求而实行的超越国际的产品交换活动。全球市场指地区甚至全球市场的汇聚，它使企业能够实施标准化营销战略。对许多公司而言，全球营销战略要求有集中的运营，以便能够杠杆化地利用规模优势，实现资源最大化和成本最低化。企业的发展领域若不能全球化，国内企业的成本、事业经验、产品、顾客服务等都将被具有全方位竞争力的全球化企业夺走。企业通过合理正确地使用全球营销，不仅可以确保企业的生存发展，还可以为企业的壮大提供最基本的依据，为企业实现全球化奠定基础。

第三节　国内营销和全球营销的区别

一、国内营销的理解

一般来说，营销是指生产者在将产品或服务传送给消费者或其他使用者的过程中起推进作用的一系列的经营活动。市场营销通过研究消费者的生活环境、喜好、态度等，收集利用这些信息，生产并提供符合消费者喜好的产品和服务。美国市场营销协会（American marketing association）、营销学大师菲利普·科特勒对市场营销的定义为“市场营销是引导货物和劳务从生产者流转到消费者或用户的企业商务活动过程。”如今，市场营销不仅是把生产的产品或服务转达给消费者的整个过程，也包括产品生产之前的所有市场营销活动。图1-3绘制了简单的市场营销系统。

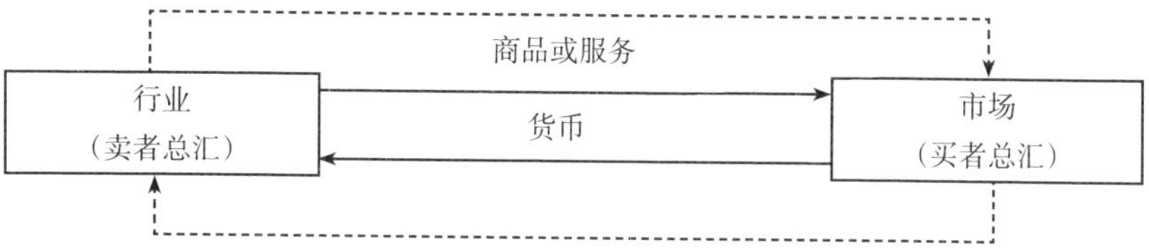

图1-3　简单的市场营销系统

资料来源：吴健安，郭国庆，钟育赣. 市场营销学［M］. 4版. 北京：高等教育出版社，2011：3.

因此，市场营销不仅仅是单纯地销售产品和提供服务的活动，更是生产能够充分满足消费者需求产品的必要活动。成功的营销不仅要了解消费者的需求、市场竞争、政府政策、相关制度及宏观的环境因素，政治、经济、社会、文化的变化程度也都必须清楚。营销的基本原理和概念可直接适用于全球营销，但根据营销对象的环境特性，适用的管理及战略方向（strategic vectors）有所不同。

二、国内营销与全球营销的区别

以上我们简单给大家介绍了一下国内营销，那么全球营销与国内营销它们之间有什么区别呢？下面，我们来详细地给大家介绍一下国内营销和全球营销之间的区别，它们之间的区别主要体现在以下三个方面。

（一）市场和环境的差异

国内市场营销是在单一市场环境下进行的，而全球营销涉及多个不同的市场环境。全球市场比起国内市场在经济、文化、政治、法律环境方面各有不同，全球市场还因为国家的不同而使这几方面的环境也有所不同。例如，即使是同一种产品，在不同的国家却使用不同的营销策略。此外，国内市场和全球市场间最明显的差异应属文化环境的差异了。例如，很多国家信仰的宗教各有不同。阿拉伯国家如叙利亚、黎巴嫩、约旦、沙特阿拉伯等信奉伊斯兰教，意大利、法国、奥地利、西班牙等国家信奉天主教，英国、美国、澳大利亚、瑞典等国家信奉基督教。全球企业在进行全球营销时，一定要考虑各国所信仰的宗教，尊重各国的信仰，切勿做有损宗教信仰的事情。因此，在建立营销策略时，一定要充分考虑该国的文化环境和因素，结合该国的实际情况和环境因素制定正确有效的营销策略。

（二）通货的差异

在国内市场里一般使用的是单一的通货货币，但超越国界进行国际交易时往往使用的是他国的货币或是全球通用货币美元。一国与另一国货币兑换的比率称为汇率。众所周知，汇率不是固定不变的，汇率会因为利率、通货膨胀、国家的政治和每个国家的经济等原因而发生变动，而汇率是由外汇市场决定的。汇率的变动对涉及国际贸易的全球营销活动来说有很大的影响。特别是当汇率发生急剧变动时，全球营销管理者在定价时要充分考虑汇率的变动而谨慎制定定价策略。比起全球市场来说，国内市场不会因为汇率的变动而影响国内营销管理者制定相关的营销策略。

（三）政府政策的差异

国内市场是由单一政府控制的，比起国内市场来说，全球市场随着进入海外市场国家政府政策的不同对外国企业的政策也会有所不同。全球企业的营销管理者要充分考虑和清楚所进入国政府的政策从而制定相适应的全球营销策略，而国内营销管理者则不需要考虑这些因素。而且进入海外市场时，与国内市场不同的是，还需要考虑关税、投资领域、非关税壁垒等情况，依据全球企业所进入国的国家政策规定建立合理有效的全球营销策略。

此外，全球市场被更远的地理和心理距离所分隔。随着买卖双方用IT媒介代替面对面接触，国内营销和全球营销在空间上的差距逐渐变小。随着互联网技术的飞速发展，各种各样的沟通软件相继诞生，成为人们日常沟通和联系的主要手段。微信、QQ、抖音、瞩目等网络软件不仅给人民的生活带来了方便，也给企业带来了重大转变。例如：利用互联网和视频会议，某地的消费者可以与另一地的卖方进行即时沟通。以往需要很长时间才能达成的交易现在通过互联网可以迅速完成，曾经需要分散在各地的人员集中在一起才能举行的业务会议如今可采用网络视频会议而轻松召开，管理人员不再需要频繁出差。在国外开展业务时，管理者需要适应东道国文化，其中包括语言、生活方式、行为标准和消费爱好，确保营销策略的正确实施。一般来说，心理距离会影响管理者信念，两个或两个以上国家的距离越远，消费偏好的差异越大。尽管心理距离属于感知范畴，而且可能无法准确反映实际的差异或者相似性，但它能够辅助营销管理者制定正确而有效的营销决策。心理距离还可能影响跨国公司在国际化进程中的组织形式，特别是在进入模式选择和海外经营管控方面，可以通过给EPRG框架（EPRG framework）分类来帮助理解[①]。

EPRG框架以公司管理者看待世界的方式为基础，它决定着公司国外市场业务如何组织。根据这一框架，在国外市场管理公司有四种方法或导向，它们也反映了公司从单纯的国内企业发展为全球竞争者这一国际化进程中的不同阶段。

母国中心导向（ethnocentric orientation）。在这一阶段，公司将重点放在母国市场。持这一认识的公司相信国内战略优于国外战略，因此国内战略可用于海外经营。海外经营的重要性次于国内市场，企业不会进行系统的营销筛查来寻找国外市场。美国礼来制药公司（Eli Lilly）最初扩张到海外市场时就抱着这一观念，公司在重要市场上设立办公室、雇用当地员工，并通过测量每个国家的最低盈利水平对当地经营实施严格控制。海外分公司仅提供支持当地销售所需要的下游活动，营销活动由总部负责。

多国中心导向（polycentric orientation）。与母国中心导向公司不同，持多国中心导向的公司采取分权式管理，允许分公司制定自己的营销战略。但是，管理者的思维还是集中于母国市场，因为它们相信国家市场互不相同，营销战略必须进行调整以适应各个国家的特殊需求。这一导向基本上不实行标准化营销，海外市场要进行个别检视，各个市场独立运营，彼此之间不进行任何实质性协调或整合。营销活动的组织和实施逐个国家展开，必要时调整营销组合来满足各市场要求。福特公司在营销福睿斯汽车时就采取了这一导向。其英国版与美国版不同，不仅因为在美国方向盘需要从右侧改到左侧，还因为美国的汽车排量更多，款式也不同。

地区中心导向（regiocentric orientation）。将某特定地区看作一个单一市

① 伊兰·阿隆，尤金·贾菲，多娜塔·维亚内利. 全球营销［M］. 郭晓凌，龚诗阳,译.北京：中国人民大学出版社，2016：12-13.

场。营销活动可能聚焦于欧盟和南方共同市场等贸易地区，营销人员试图为整个地区内的所有国家制定并实施营销策略。与多国中心导向不同，这里的重点是地区营销活动的协调，并尽可能采用标准化。例如：丰田公司就是按照地区中心导向组织营销活动的，其销售收入的45%来自日本，39%来自北美。丰田在北美的成功基于针对这一特定地区市场的顾客驱动式新产品开发。

全球中心导向（geocentric orientation）。采取这一导向的公司将全球视为一个潜在市场。公司试图通过世界范围的整合开展全球营销，为了实现规模经济而大量生产全球产品和品牌，在所有市场上提供标准化产品、品牌、品牌形象和定位，并且尽可能采用标准化广告，将适应化举措降到最低。不管采取地区中心导向还是全球中心导向，公司都可以在全球各地获取和分享最佳商业实践等方面的知识，公司网络也可以实现最大化，由此赢得并维持竞争优势。例如：宝洁公司在美国推出的汰渍洗衣粉是德国分公司开发出来的并在德国上市，品牌名称为Vizer，其后在其他几个欧洲国家生产、销售。汰渍之所以能在欧洲及拉丁美洲推出，原因是宝洁公司德国管理层获得的经验和知识能够与其他分公司分享。

第四节　全球营销的发展阶段

全球营销发展阶段的分类虽然因学者们的看法不同而有些差异，但大部分学者认为全球营销通常是通过以下五个阶段发展形成的。具体来说，大部分的学者认为全球营销是经过国内营销阶段、出口营销阶段、国际营销阶段、跨国营销阶段和全球营销阶段而发展起来的。但也有学者认为，全球企业的营销是经过国内营销阶段、国际营销阶段、全球营销阶段三个阶段发展起来的。在本书中，我们把全球营销分为五个发展阶段进行介绍和讲解。

一、国内营销阶段

该阶段，因为企业只以内需市场的需求而展开企业营销活动，因此称为国内营销。一般国内营销企业只以单一的国内市场环境为基础制定营销战略，然后直接进行营销活动。即国内营销是属于母国中心导向型的营销活动。在这一阶段，公司将重点放在母国市场。持这一认识的企业相信国内战略优于国外战略，因此国内战略可用于海外经营。通常把重点放在国内营销上的企业大多是世界海外所需的人力、物力资源不足的中小企业。

二、出口营销阶段

该阶段，将重心置于内需市场的企业开始对海外市场产生兴趣，在具备出口条件的情况下展开出口营销。出口营销相关的产品、价格及推广等活动倾向于国内营销方式。但是，与产品流通的相关活动要根据东道国的情况而有所改变。出口是指企业将母国生产或加工的产品及服务输往国外市场销售，可分为间接出口和直接出口。间接出口（indirect export）是指企业生产的产品通过国内的出口代理商向海外销售；直接出口（direct export）是指企业不通过国内出口代理机构，直接将产品销往国外市场。企业的国际化是通过出口营销、许可证贸易、特许经营、合作投资经营、海外分店、海外生产及设立分公司等多种形式逐渐发展而成的。从渐进性的国际化观点来看，出口营销是企业国际化或全球化的开始。

三、国际营销阶段

该阶段，企业超越母国国境积极开拓存在各处的海外市场，以海外当地的营销活动为典范，进行营销活动。主要是以海外分公司的当地营销为主，国际营销管理者将当地的营销环境缜密地分析后制定适合的营销战略并实施。该阶段中，在母国将当地市场所需产品有计划地生产并销售的现象虽然普遍，但是为了更有效地适应海外当地市场的特性和顾客需求，在当地设立分公司，为当地市场生产产品再进行销售也不失为良策。该阶段，企业的经营管理视野或营销方式是属多国中心导向，当地的海外分公司可以独自完成市场的营销决策。而海外分公司的视野只局限于个别海外市场，缺乏分公司间营销决策的沟通。与母国中心导向公司不同，持多国中心导向的公司采取分权式管理，允许分公司制定自己的营销战略。但是，管理者的思维还是集中于母国市场，因为它们相信国家市场互不相同，营销战略必须进行调整以适应各个国家的特殊需求。

四、跨国营销阶段

该阶段，在多个国家设立分支机构，以多个海外市场为对象从事营销活动，这样的企业我们称为跨国企业。跨国企业不满足于各海外分支机构只在个别海外市场独自实行营销活动。跨国企业通过统一和整合国际营销活动部分，反而比实行营销战略更具有效性。例如：将产品的地域标准化或地域商标的进入等部分活动按照地域划分加以统一，在生产和营销活动中可实现规模经济效果。达到该阶段的企业相当一大部分的销售额和利润依赖于海外市场。

五、全球营销阶段

该阶段中，全球性企业是将全球市场当作一个一体化市场来掌握。不将母国和东道国市场予以区分，以全球为中心导向的角度实行营销活动。这里所提全球性企业的范畴不只是世界规模的大企业，以全球市场为对象进行营销活动的中小企业也包括在内。这里指的中小企业是规模虽小，但却执拗于夹缝市场，跻身于世界最强者的位置，至今仍在迅速成长的"强小企业"。采取这一导向的公司将全球视为一个潜在市场。公司试图通过世界范围的整合开展全球营销，为了实现国民经济而大量生产全球产品和品牌，在所有市场上提供标准化产品、品牌、品牌形象和定位，并且尽可能采用标准化广告，将适应化举措降到最低。在此，我们需要注意的是全球营销强调以下三点。

（一）标准化的作用（standardization efforts）

通过在全球市场中营销的标准化（例如全球营销4P组合的标准化）寻求生产和营销的规模经济及范围经济。全球企业试图在所有市场中实行营销组合的标准化，既能节减费用，避免不必要的浪费，又能为企业实现规模经济而创造更多财富。可是，实际中很少有完全标准化的营销组合，或多或少都会受到当地市场一些因素的影响。有些全球企业在进入全球市场时采用的是产品标准化策略，可是针对不同的市场，依据情况不同又会采用当地广告宣传策略；有些全球企业进入全球市场时对产品采用的是当地化策略，而广告宣传却是标准化策略。例如：韩国农心辛拉面进入中国市场时，产品采用的是标准化策略，韩国的农心辛拉面和中国的辛拉面质量都是一样的，但广告却采用了当地化策略，广告语结合中国当地民众都熟知的"不到长城非好汉"，将其改成"吃不了辣味非好汉"，以当地风格和风俗为主。相反，雀巢公司对某些产品进行了当地化策略，但对广告却实行了标准化。表1-1列出了采用标准化营销战略的公司。

表1-1　采用标准化营销战略的公司

战略	公司
产品设计	福特（福睿斯）、诺基亚（手机）、吉列（剃须刀）、柯达（相机）
品牌名称	喜力、可口可乐、锐步、妮维雅、宜家
产品定位	高露洁（牙膏）
包装	吉列（剃须刀）
广告	麦当劳、柯达（相机）
促销	Thane International（运动器材）
分销	玫琳凯（化妆品）、宜家

资料来源：伊兰·阿隆，尤金·贾菲，多娜塔·维亚内利. 全球营销［M］. 郭晓凌，龚诗阳，译. 北京：中国人民大学出版社，2016：14.

（二）协调整体市场（coordination across markets）

通过整合在东道国及地域活动的分公司间的营销活动，减少费用的非效率性和工作的重复性。全球企业进行全球经营活动时，一般通过设立分公司、修建分工厂或建立代理店来管理和运营当地市场业务。当今全球时代背景下，有些全球企业利用各国市场的优势和有利条件运营分公司或分工厂。例如：某汽车企业的发动机来自日本工厂，座椅和其他小零配件来自印度工厂，而组装却是在中国的工厂，这就利用了各国市场的优势而组成了典型的全球工厂企业，从而将成品汽车销售至全球各个国家市场，赢得丰厚的利润。

（三）全球整合（global integration）

从全球的角度整合竞争战略，确保竞争优势。全球战略是一项涉及整个组织的规划，旨在使企业有能力在全球市场立足，并能持续发展下去。全球企业如果要想击败竞争对手，必须要确保自身的竞争优势和核心竞争力。无论在母国还是在竞争者国家或是第三市场国家进行经营活动时，都要结合自身的竞争优势，采用合理正确的竞争策略，整合内部驱动力（全球愿景、组织能力、市场导向等）和外部因素（全球经济、市场结构、文化多样性、法律/政治体系等）树立正确有效的全球营销战略，创造出更多的全球业绩，如图1-4所示。

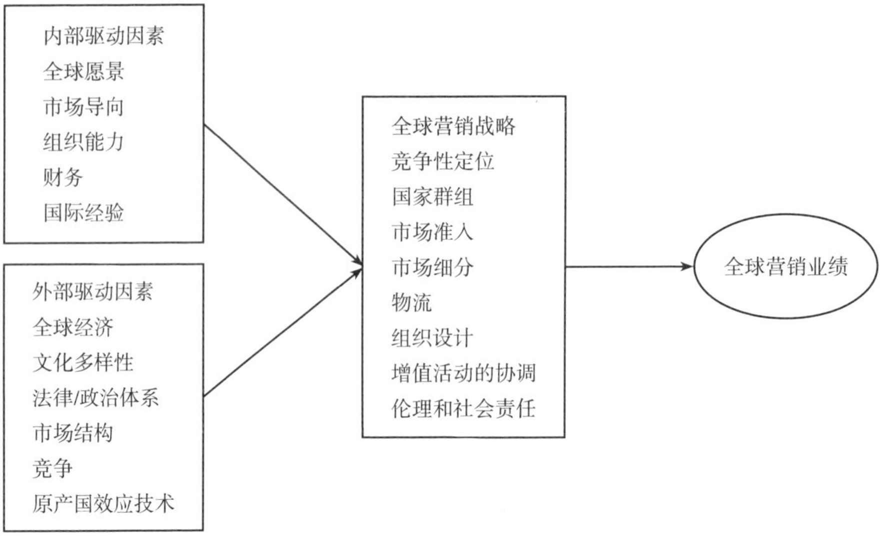

图1-4 全球营销战略框架

资料来源：伊兰·阿隆，尤金·贾菲，多娜塔·维亚内利. 全球营销［M］. 郭晓凌，龚诗阳，译. 北京：中国人民大学出版社，2016：19.

第五节 全球营销市场环境

全球性企业的营销负责人具有以全球市场为对象，有效地展开营销活动的责任。本节中我们分析一下全球性企业寻求的全球营销战略的基本任务（图1-5）。那么关于全球营销战略的制定需要经过哪些阶段呢？一般来说，全球营销战略制定的基本过程是：首先，要掌握全球市场环境并理解营销环境；其次，对打算进入全球市场的企业的现位置进行分

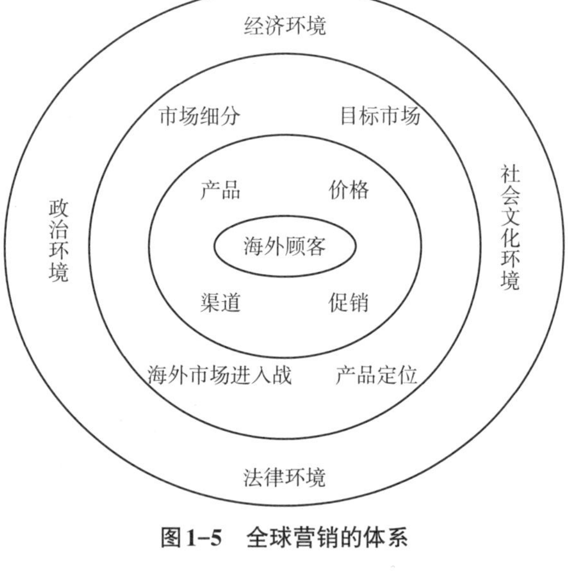

图1-5 全球营销的体系

析；再次，针对全球市场制定目标；最后，制定从现位置达到全球市场目标的竞争战略并实施。

一、全球营销环境分析

（一）海外市场分析

企业需要掌握国家、地域市场或全球细分市场的投资环境及商品市场机会机遇，然后对海外市场间的相似性和异质差异性进行评估和分析。对全球性企业的营销活动产生影响的市场环境因素包括经济、政治、法律、文化、产业、技术等。全球营销将这些环境因素以国家、地域市场类或全球细分市场类进行评估，然后寻找企业在全球营销市场中存在的机会机遇和威胁阻碍。

（二）竞争环境分析

全球营销管理者必须以企业为重心分析评估全球竞争环境对企业存在的机会和威胁。为分析全球性企业面临的竞争环境，需对所属产业的竞争结构和竞争者做如下分析。

1. 竞争结构的分析

企业的长期收益率取决于产业的竞争结构。因此，必须掌握所属产业在国家、地域市场和全球细分市场中的竞争结构。波特（Porter）认为影响行业竞争结构及竞争强度的主要因素包括来自本行业现有的其他企业、卖方（供应商）、买方（顾客）、其他行业中的潜在进入者和替代产品，如图1–6所示。

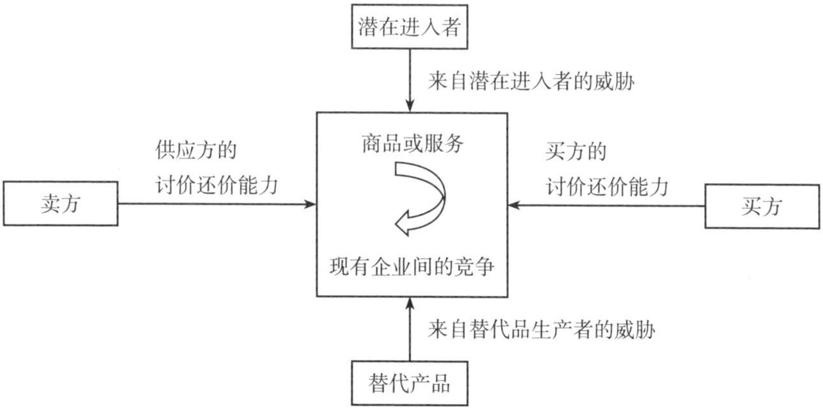

图1–6　波特的五种力量模型

资料来源：陈传明，徐向艺，赵丽芬，等. 管理学［M］. 北京：高等教育出版社，2019：88.

下面我们就波特的五种力量模型给大家简单描述一下①。

分析潜在进入者，即从进入障碍的角度来进行潜在竞争者分析。进入障碍，是指行业外部的企业进入这一领域时必须付出的，而行业内企业无须再付出的一笔损失。显然，进入障碍越大，潜在进入者的威胁越小。除进入障碍之外，行业的吸引力、行业发展的风险和行业内企业的集体报复可能性等，都影响着进入威胁的大小。

分析替代产品，即识别替代威胁。替代，是指一种产品在满足顾客某一特殊需求或多种需求时取代另一种产品的过程。替代品的存在扩大了顾客的选择余地。短期看，一种产品的价格和性能都受到替代产品的限定；长期看，一种产品或行业的兴起有可能导致另一种产品或行业的消失，例如，随着微电子工业的发展，打印机基本取代了打字机、电子计算器完全取代了计算尺。

分析买方和卖方议价实力，即评估买方和卖方掌控交易价格的能力。企业与顾客和供货方之间既存在合作，又存在利益冲突。交易双方在交易过程中总希望争得对自己有利的价格，而价格的变化使一方获得超额收益的同时，直接导致另一方的损失。在具体的交易活动中，影响议价实力的因素很多，如交易洽谈的地点、人员素质、日程安排等，但这些都是运作层面的因素。从行业层面看，交易双方的议价实力受到一些行业特征的制约。通过这些特征，人们能够更好地认清企业如何建立与外部环境相适应的关系。

分析行业竞争者，即对竞争对手的现状和未来进行分析。同种产品的制造和销售通常不止一家，多家企业生产同种产品，必然会采取各种措施争夺用户，从而形成市场竞争。对行业内部要分析主要竞争者的基本情况、对本企业构成威胁的原因以及分析竞争对手的发展动向。

2. 竞争者的分析

对竞争者的分析也就是对竞争对手现状和未来动向进行分析。从上述波特的五种力量模型里我们可以得知竞争对手有直接竞争者和潜在竞争者。通过收集竞争者的信息、分析竞争者的战略目标和营销策略，我们的全球营销管理者们可以更好地树立自己企业的战略目标，建立有效的全球营销决策，从而牵制并击败竞争对手。总之，企业要经常留意目标市场中所存在的竞争企业并对其所属的竞争范围进行分析，以掌握该企业特性并做出针对性的战略绩效分析。

① 陈传明，徐向艺，赵丽芬，等. 管理学［M］. 北京：高等教育出版社，2019：89.

二、企业的内部环境分析

为检验全球营销战略实施的可行性，企业要分析是否具备采取该战略时所需要的资源和实力等。一般来说，资源的分析主要包括以下几个方面的内容。

① 有形资源的丰富程度。有形资源通常指可以看见的、能用货币直接计量的资源。如厂房、设备、原材料等。分析企业有形资源的丰富程度主要是企业所拥有的设备是否具有先进性、企业的生产是否具有一定的规模，还要确定企业欲进入定为目标的海外市场是否存在资金方面的制约。

② 无形资源的丰富程度。企业的无形资源主要包括专利、知识产权、技术、文化等。对于全球企业来说，分析企业无形资源的丰富程度主要指该企业是否持有进入全球市场所需的技术、商标、设计、企业文化等。

③ 人力资源的丰富程度。人力资源指企业组织生产经营活动而任用的各种人员，包括企业高级管理人员、董事会人员、技术人员、生产人员等。全球企业在多个国家开展经营活动还要考虑企业是否具有为进入全球市场或地域市场所需的营销人力或生产人力、先进的技术研发团队等。

④ 所持核心力量的类型。企业以有形、无形的竞争资源为基础，具有怎样的有形核心力量，并确认以此为基础可以创造出怎样的竞争优势。通过这些过程可以掌握公司的优势（strength）和劣势（weakness），以此为基础判断哪种海外营销战略更适用于企业，甚至还可以寻求增进优势而弥补劣势的营销方法。

三、树立全球营销目标

全球企业在进入海外市场前，树立明确的目标是非常重要的。企业的全球营销目标，主要有以下几个方面。

① 以扩张在海外市场的分公司数量为目标。

② 提高收益额、现金流量等是全球营销的收益目标。

③ 扩大在各国、各地域的市场占有率和世界市场占有率以达成全球市场占有率的目标。

④ 总公司和海外分公司及战略性合作企业共同进行营销活动，以相乘效果最大化为目标，通过全球链提高全球营销的相乘效果。

四、树立全球营销战略

企业进入海外市场，在扩大全球市场的过程中，与当地企业或国际企业的竞争是不可避免的。那么怎样在这样的竞争中寻找达成全球营销目标的方法？关于这个问题我们会在第五章至第八章全球营销组合策略中给以详细说明和解释。通常树立全球营销组合策略时有几个可起辅助作用的模型，在这里我们介绍两种比较典型和常用的分析模型——SWOT分析法和波特的竞争战略。

（一）SWOT分析法

SWOT分析法是一种最常用的企业内外部环境综合分析技术，SWOT是优势（strengths）、劣势（weaknesses）、机会（opportunities）、威胁（threats）的简称。优势和劣势属于组织机构的内部因素。优势包括企业的雄厚资金、良好的公众形象、先进的技术力量、优质的产品或服务等，劣势包括设备陈旧、缺乏先进的研发技术、管理落后、产品或服务缺少核心竞争力等。机会和威胁属于组织机构的外部因素，机会包括市场需求的增多、竞争对手的弱小、新产品的出世、市场进入威胁的减少等，威胁包括新竞争对手的增多、市场经济衰退、客户流失、市场需求减小、替代品增多等。SWOT分析是用来确定企业自身的竞争优势、竞争劣势、机会和威胁，从而将公司的战略与公司内部资源、外部环境有机地结合起来的一种科学的分析方法。即，企业通过SWOT分析掌握公司的现状（SO，ST，WO，WT），以此确立全球营销战略。营销战略方针所存在的状况如下。

1. SO

企业在具备竞争优势，同时市场环境存在有利因素时，企业在所属市场中成功的可能性极大。这种情况下可选择先得到市场机会的战略或采取进攻性战略。

2. ST

企业具备竞争优势，但当市场环境中存在威胁因素时，企业不易达到市场目标，企业在所属市场中成功的可能性较低。这种情况下企业应寻找能够很好地运用自身竞争优势的竞争战略，避免过分进攻性战略。

3. WO

市场环境存在有利因素但企业不具备竞争优势时，企业为进军海外目标市场，寻找可以弥补自身不足的战略性合作企业为上策。

4. WT

市场环境中存在威胁因素，同时企业也不具备竞争优势时，在这样的市场中企业可以考虑实施撤出市场或缩小产品或市场使用集中化战略。

（二）波特的竞争战略

波特的竞争战略模型对达成全球营销目标是很有用的并产生启发的模型。波特认为企业的竞争战略以竞争优势的类型（原价优势和差异化优势）和目标市场的范围（广范围市场和狭窄市场）为基础可分为原价优势战略、差异化战略、集中化战略（原价集中及差异化集中）等三种战略。具体框架如图 1–7 所示。

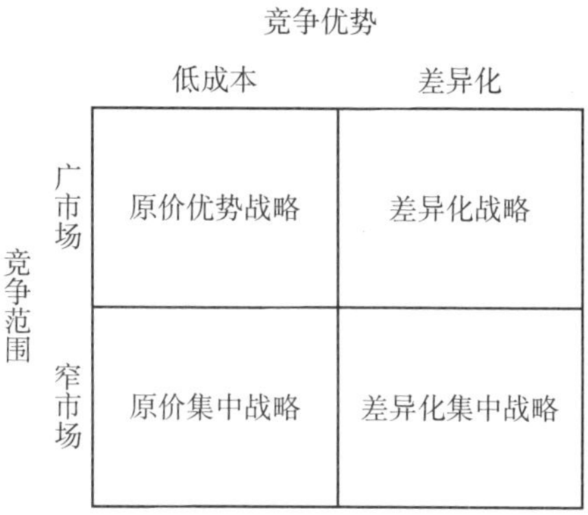

图 1–7　波特的竞争战略模型

1. 原价优势战略

原价优势战略是指提供低于其他企业产品价格的战略，节减原价的方法可以考虑生产原价、调配原价、流通原价、开发原价、信息原价等。此战略企业管理者要对生产、流通、销售的成本予以高度重视和控制，要保证自己的总成本低于竞争对手，这样才能获得高利润，取得经济收益。最具代表性的例子要属沃尔玛了。沃尔玛在采购、存货、运输和销售等各个商品流通环节想尽一切办法降低成本，利用先进的网络信息化管理成为零售行业的巨头。

2. 差异化战略

差异化战略是指竞争企业无法轻易匹配顾客需求，为满足顾客需求提供差别化产品或服务的战略。包括产品、广告、销售渠道、推销等都可以考虑差别化。该战略具有卓越的品质、有名的品牌、独创性的流通渠道、产品的信度和革新产品等优势。代表例子有宝马汽车、海尔等。

3. 集中化战略

集中化战略以缩窄集中目标市场的范围，以市场集中为战略。该战略又可区分为原价集中战略和差异化集中战略。无论选择哪种集中化战略，因为目标市场集中，都可以对该目标市场实施最佳的战略。汽车行业的保时捷，因为将目标市场集中于高级赛车，所以至今在世界上仍很有名望。集中化战略要想成功，跟其他市场相比，目标市场必须具有异质性和独特性。因为只有这样才能更有效地防御以广范围市场为目标的企业的渗透。

第六节　本章小结

全球营销管理是指确定全球市场存在的机会和威胁，制定全球营销计划，根据全球营销计划的组织、控制与实施，从人力资源、财产资源、物质资源等多方面来培养竞争力，以确保企业的竞争力和生存能力。在这里全球营销是指为充分满足全球顾客的需求所实行的超越国界的产品交换活动。具体来说，全球营销的目的在于将所有营销活动在全球范围内进行协调、合理化和整合，这些活动包括市场调研和资料收集、市场细分、目标市场选择、市场定位、营销组合策略等内容。企业通过进行全球营销还可以带来杠杆效应，具体来说有以下几点：一是全球企业通过自身积累的经验而活跃于整个世界市场；二是全球企业可以通过实现规模经济创造更多的收益；三是全球企业还可以通过合理使用企业资源从而提高自身的竞争力；四是全球企业最具优势的地方还在于可以实行全球战略。

全球营销是经过国内营销阶段、出口营销阶段、国际营销阶段、跨国营销阶段和全球营销阶段五个阶段发展起来的。国内营销阶段指企业只以内需市场的需求而展开企业营销活动，因此称为国内营销。国际营销阶段指将重心置于内需市场的企业开始对海外市场产生兴趣，在具备出口条件的情况下展开出口营销。国际营销阶段指企业超越母国国境，积极开拓存在各处的海外市场，以海外当地的营销活动为典范，进行营销活动。跨国营销阶段指在多个国家设立分支机构，以多个海外市场为对象从事营销活动。全球营销阶段指全球性企业将全球市场当作一个一体化市场来掌握，不将母国和东道国市场予以区分，从以全球为中心导向的角度实行营销活动。

全球营销环境分析中需要对海外市场和竞争环境进行分析。企业需要掌握国家、地域市场或全球细分市场的投资环境及商品市场机会机遇，然后对海外市场间的相似性和异质差异性进行评估和分析。对全球性企业的营销活动产生影响的市场环境因素包括经济、政治、法律、文化、产业、技术等。全球营销将这些环境因素以国家、地域市场类或全球细分市场类进行评估，然后寻找企业在全球营销市场中存在的机会机遇和威胁阻碍。在此需要掌握波特的五种力量模型和SWOT分析法。波特认为影响行业竞争结构及竞争强度的主要因素包括来自本行业现有的其他企业、卖方（供应商）、买方（顾客）、其他行业中的潜在进入者和替代产品。SWOT分析是用来确定企业自身的竞争优势、竞争劣势、机会和威胁，从而将公司的战略与公司内部资源、外部环境有机地结合起来的一种科学的分析方法。

思考题

1. 如何理解全球化？你对全球化都有哪些认识和见解？
2. 什么是全球营销？为什么说全球营销对全球企业很重要？
3. 你知道国内营销和全球营销都有哪些区别吗？
4. 全球营销经历了哪几个发展阶段？各发展阶段都有哪些特征？
5. 请详细介绍一下什么是SWOT分析法和波特的竞争战略，都包括哪些内容。

第二章

全球营销的环境分析

❶ 全球营销的经济环境
❷ 全球营销的社会文化环境
❸ 全球营销的政治环境
❹ 全球营销的法律环境

第一节　全球营销的经济环境

一、经济体制

经济学家认为世界上有四种经济体制：市场资本主义、中央计划社会主义、中央计划资本主义和市场社会主义体制[①]。市场资本主义（market capitalism）是一种由个人和公司配置资源、生产资源私有的体制。中央计划社会主义（centrally planned socialism）与市场资本主义正好相反，在这种经济制度下，政府在服务于公众利益（自认为合适的）方面享有很大的权力。政府计划编制者就货品或服务的种类、生产产量、让消费者选购的产品种类做“自上而下”的决策。中央计划资本主义（centrally planned capitalism）是在私有资源环境中大幅依靠质量配置资源的体制，而市场社会主义制度（market socialism）是在整体国有的环境中采取市场配置的政策。关于这四种经济体制的框架请参考图2-1。

资源所有权 \ 资源配置	市场	指令
私有	市场资本主义	中央计划资本主义
国有	市场社会主义	中央计划社会主义

图2-1　经济制度

二、与市场规模相关的变量

一个国家的经济环境（economic environment）对预测已进入或即将进入该国的全球性企业的市场潜在性和成长可能性起着非常重要的作用。也就是说，

① 沃伦·J. 基根，马克·C. 格林. 全球营销［M］. 傅慧芬，戚永翎，史锐，译. 6版. 北京：中国人民大学出版社，2015：45-47.

在全球性企业进入全球市场的时候，必须要考虑的重要因素之一是经济环境，这样的环境包括与市场相关的各种变量。宏观经济环境（macroeconomic environment）由总人口、年龄分布及人口密度等形成。要想了解全球营销的经济环境，首先需要了解与经济环境相关的主要经济变量都有哪些，从而进一步理解全球营销的经济环境。通常与经济环境相关的变量通过UN统计年鉴、在东道国发行的统计年鉴、经济白皮书及经济报告书等二手材料中可以得以确认。本书主要给大家介绍以下几个主要经济变量。

（一）国民生产总值

国民生产总值（gross national product，GNP）反映一个国家的经济水平，是最重要的宏观经济指标。国民生产总值又称国民总收入（gross national income，GNI），指一个国家在国内和国外的国民经济（生产要素产出的商品与服务）在一定时期内（通常为一年）以货币表现的最终产品和服务价值的总和。GNP是掌握一个国家的经济活动水平使用最广泛的指标，是一国所拥有的生产要素生产的最终产品价值。它指的是一个国家（或地区）所有国民在一定时期内新生产的产品和服务价值的总和。GNP是按照国民原则核算的，只要是本国的居民，无论你是否在本国境内居住，你所创造的价值都计算在GNP的范围内，与你在国内国外无关，它体现的是一个国民概念。而国内生产总值（gross domestic product，GDP）是指一个国家在一定时期内生产的全部产品和服务的市场价值的总和，常被公认为衡量一个国家的实际经济水平的最佳指标。它是在一国范围内生产的最终产品的价值，是一国地域概念国民生产总值中有一部分是本国拥有的生产要素在国外生产的最终产品价值。

（二）人均收入

人均收入（per capita income）是指国民生产总值按人口数均分的值。但是也有使用以国内生产总值除以人口数得出人均收入，并用该数据来预测一个国家的消费者购买力。全世界众多国家中，不同国家的市场处于不同的发展阶段。人均GNP是衡量一个国家全体公民相对财富的常用指标，也为衡量国家发展水平提供了一个非常有效的方式。人均收入根据各国家人口数的多少会有很大差异，因此应该先比较GNP和GDP的规模然后做评估。全球性企业通过下列分类预测各国家的市场规模与潜在力。

① GDP的规模较大、人均收入高的国家。

② GDP的规模较大、人均收入低的国家。

③ GDP的规模较小、人均收入高的国家。

④ GDP的规模较小、人均收入低的国家。

由于人均收入随物价和汇率的波动而变化，全球性企业需要对该变化进行分析后再对国家的市场规模与潜在力进行评价。例如：即使实际GDP不增加，物价上升，名义GDP增长，汇率下跌的情况下（如对美元而言当地货币升值），人均收入增长。由于人均收入仅仅是个单纯的平均值，为了准确地预测市场规模和潜在力需要掌握收入分布。另外，不同于人均收入，个人收入中除去纳税的可支配收入（disposable income）成为预测东道国消费者的实际购买力的重要标准。

（三）收入分布

收入分布（income distribution）是考量一个国家的国民获得的收入是如何分布的指标。世界银行每年发行的*World Development Indicators*按照下列标准来测定一个国家的收入分布。在这里从下游20%到上游20%的5个标准之和为100%。以一个国家的收入分布为基础，全球性企业可以预测出更加正确有意义的特定商品市场规模与潜在力以及更加具体的市场细分化。通常情况下，越是发达国家，其收入越呈现均等的分布，越是不发达国家，则呈现不均等的分布。以收入分布为基础，全球性企业可以更精确地预测特定商品的市场规模与潜在力，细分当地市场。通常，发达国家的收入分布较不发达国家的收入分布更为平均些。国民生产总值、人均收入与收入分布是测定一个国家的市场规模与潜在力时广泛使用的变量。

三、与宏观经济指标相关的变量

与宏观经济指标相关的变量会因为一个国家的金融和财政政策受到直接或间接的影响。下面我们要介绍与宏观经济指标相关的变量是判断一个国家经济状况的重要标准，这些变量主要包括以下几个方面。

（一）经济增长

经济增长（economic development）与国民生产总值和人均收入一样可以说明国民经济基本指标的增长。经济增长率可用来预测一个国家的市场规模和潜在力的变化，即经济增长是体现一个国家全面经济发展趋势的指标。通常情况下，经济增长率是以实际国民生产总值的年增长率为标准体现的，实际经济增长率是名义经济增长率减去物价上升率得到的。

（二）通货膨胀

通货膨胀（inflation）是指物价的急剧上涨。通常经济学界认为通货膨胀是在信用货币制度下，流通中的货币数量超过经济实际需要而引起的货币贬值和物价水平全面而持续地上涨。简单地说就是纸币的发行量超过流通中所需要的量，从而引起纸币贬值、物价上涨，也就是老百姓口中常说的“钱不值钱了”。通货膨胀会导致一个国家的货币流量膨胀、货币贬值、物价持续上涨、国民实际收入减少。由于急剧的通货膨胀对全球性企业的销售和商品价格会产生直接影响，全球营销管理者应该定期把握东道国的通货膨胀信息，减少由于通货膨胀给企业带来的各种损失。

（三）汇率

一般来说，汇率（exchange rate）是一国货币用另一国货币表示的价格。汇率取决于一个国家的外汇市场对外汇的需求和供给，外汇市场的需求与供给因为贸易交易与国际资本或欲获得汇率变动差额的投机者而产生。如果汇率改变，企业进出口的价格也会随之发生改变。例如：货币贬值意味着企业需要用更多的本国货币来购买相同数量的外国货币，那么势必会影响产品价格的改动。由于汇率变动对全球性企业的资本价值、股价、商品价格及原材料调配价格等产生直接影响，全球性企业面对急剧的汇率变动应该做出迅速的应对。特别是由于汇率对一个国家的国际收支产生极大影响时，应该集中于国际层面对此做出切实的关注。

四、市场发展阶段

在全球的众多国家中，不同国家的市场处于不同的发展阶段。根据GNP的不同，世界银行将世界市场划分成高收入经济体、中高收入经济体、中低收入经济体和低收入经济体四类。其中，低收入、中低收入和中高收入国家通常被归为发展中国家，而高收入国家被视为发达国家。

（一）低收入国家

低收入国家（low-income countries）是指那些收入属于最低类别（人均收入

低于10236美元）的国家，它们具有以下特征[①]。

① 工业化水平有限，从事农业生产以维持生计的人口占很大比例。

② 高出生率和高文盲率，特别是妇女和儿童。

③ 严重依赖国外援助。

④ 贫困化程度高。

⑤ 收入分配不均。

⑥ 少部分由于社会群体无选举权而导致政治不稳定及动荡。

许多低收入国家有严重的经济、社会和政治问题，有的国家甚至至今仍处于内战动乱中，政治的不稳定势必会影响本国经济的发展，也不利于外商投资。但也有很多低收入国家呈现出很多的市场机会。例如，孟加拉国等低收入国家都呈现出蒸蒸日上、经济发展非常好的趋势。

（二）中低收入国家

中低收入国家（least-developed countries）也称为新兴市场，其人均GNP区间为1026～4035美元。这类国家的消费者市场正在迅速扩大。中低收入国家，如中国、菲律宾和印度尼西亚等国，这类国家拥有丰富而廉价的劳动力市场和丰厚的自然资源，吸引着众多发达国家的企业前来投资，它们正在变成一种越来越大的竞争威胁。中低收入组群中的发展中国家在成熟和标准化的劳动力密集型产业（如玩具和纺织品制造）中具有较大的竞争优势。中国是一个拥有14亿人口的大国，它早在2010年就取代了日本成为全球第二大经济体，早先已超越了德国、法国和英国。中国是外国投资商在发展中国家最大的单个投资目的地，亚洲、欧洲和美国的公司被中国广阔的市场和潜能吸引，把中国当作它们全球战略中的关键国家看待。中国政府为了吸引外商来中国投资发展，出台了很多优惠政策，并制定了减免关税的制度，为外商来中国投资提供了良好的环境和保障。此外，印度也是一个迅速发展的欠发达国家，其城市人均GPD预计在2005—2025年保持6%的增长率。从快速城市化和预期增长来看，中国和印度这两个国家的市场机会将出现在运输、通信、食品和医疗保健行业，随后是住房、公共设施、娱乐和教育。

① 沃伦·J. 基根. 全球营销管理［M］. 张政，译. 北京：清华大学出版社，2020：35.

（三）中高收入国家

中高收入国家（upper-middle-income countries）亦称工业化国家，是指那些人均GNP区间为4036～12475美元的国家[①]。在这些国家中，就业人口向工业部门转移，从事农业生产的农业人口急剧减少，城镇化程度提高。处于中高收入国家阶段的代表国家有马来西亚、匈牙利、巴西、墨西哥、委内瑞拉等国家，这些国家国民受教育程度上升，拥有高识字率和完善的教育体系，但是工资水平却明显低于发达国家的工资水平。

（四）高收入国家

高收入国家（high-income countries）也称发达国家，是指那些人均GNP高于12475美元的国家，除少数石油国家外，这类国家大部分是靠可持续性的经济增长达到当前收入水平的。韩国就是高收入国家中一个很好的例子。朝鲜战争以后，韩国立足发展工业化，迅速发展成制造业强国，成为亚洲四小龙之一。韩国是拥有很多著名全球企业的母国，如三星电子、LG集团、现代汽车、起亚汽车等，韩国制造的电子产品闻名世界。韩国的三星手机在整个全球市场中的销量遥遥领先，在中国市场的销量更是超越了苹果、摩托罗拉等全球企业的手机产品，而且在中国市场中，三星手机备受人们喜爱和崇尚，不光在质量、设计、功能等方面都是一流的，在售后服务、产品维修等方面的口碑也非常好，受到广大中国人民的喜爱。

五、国际收支

国际收支是对一国居民与其他国家居民所做的所有经济交易的记录，它是一个国家经济交易的宏观描述。国际收支被划分为所谓经常账户（current account）和资本账户（capital account）的测算和记录比较宽泛，包括国家间进出口的商品贸易（merchandise trade）和服务贸易（services trade）以及人道主义捐赠等类别的转账金额。资本账户则用于记录所有长期的直接投资、证券投资及其他短期和长期的资本流动金额。在一般情况下，当一国的经常账户和资本账户的净值出现顺差时，便会增加外汇储备；当该净值呈现逆差时，就会减少外汇储备。表2-1显示了2010年经常账户盈余排名前十位的国家或地区。

---

① 沃伦·J. 基根. 全球营销管理［M］. 张政，译. 北京：清华大学出版社，2020：38.

表2-1 2010年经常账户盈余排名前十位的国家或地区

名次	国家或地区	经常账户余额/美元
1	中国大陆	272 500 000 000
2	日本	182 300 000 000
3	德国	162 300 000 000
4	俄罗斯	68 850 000 000
5	挪威	60 230 000 000
6	沙特阿拉伯	52 030 000 000
7	瑞士	49 350 000 000
8	荷兰	46 690 000 000
9	新加坡	40 440 000 000
10	中国台湾	39 000 000 000

资料源：沃伦·J. 基根. 全球营销管理［M］. 张政，译. 北京：清华大学出版社，2020：45.

六、全球贸易

全球环境的一个重要特征就是全球贸易，它受到两种力量的影响，即区域性贸易联盟和确保全球贸易能够发生的贸易机制。下面我们给大家介绍几个典型的区域性贸易联盟和贸易机制，具体内容如下。

（一）欧盟

欧盟（European union，EU）也称欧洲联盟，是由27个欧洲民主国家组成并建立的一种经济和政治伙伴关系。总部设在比利时首都布鲁塞尔，欧盟是由欧洲共同体发展而来的。在欧盟27个成员国中，有16个国家使用欧元作为货币，而且所有新成员国必须使用欧元。欧盟各成员国希望协调各国的法律和法规，以促使商品、服务、人员及资金在各国之间自由流通。欧盟不只是自由贸易区、关税同盟或共同市场，成员国的公民如今可以自由出入欧盟内各国的边境。随着欧盟成员国共同合作，以维护该地区的经济实力并且使成功的欧洲公司继续在全球经济中扮演重要角色，这个区域性贸易联盟的重要性将会继续加强。自1992年以来，欧洲的商务环境经历了巨大转变，对营销组合中各因素产生了显著影响。表2-2总结了开拓欧洲单一市场时必须考虑的营销组合问题。

表2-2　在欧盟的营销战略

战略名称	影响战略的变化	营销者制定计划时面临的挑战	管理者的战略选择
产品战略	产品标准、测试和认证流程的一致；专利和品牌的统一；包装、标签和加工要求的和谐	欧盟指示要求的公司变化；与原产地法规相一致；市场营销方面的不同	整合生产；寻求营销经济；从品牌向利益细分转换；可能时，使包装和标签标准化
定价战略	竞争更加激烈的环境；对国外产品消除限制；采取反垄断措施；公共采购市场的进一步开放	平行进口；不同产品的不同关税；在设定转移价格中更少的自主权	开发各种不同的特许权税和增值税的空间；理解消费者需求的价格弹性；重视高利润产品；引入低成本品牌
促销战略	电视广播的一般指南；国家广播垄断的管制解除；统一电视商业广告的标准	对酒制品和烟草广告的限制；国外电视产品的限制；允许促销技术间的差异	通过整合的营销沟通协调各促销元素间的组合；开发“泛欧洲”媒体的优势；根据当地的市场偏好定位产品
分销战略	简化传输文件和程序；消除关税手续	提高分销商的利润空间；缺少之间营销基础设施；对使用计算机数据库的限制	整合生产制造设施；集中分销体系；开发非传统渠道（直接营销、电话营销）

资料来源：沃伦·J. 基根，马克·C. 格林. 全球营销［M］. 傅慧芬，戚永翎，史锐，译. 6版. 北京：中国人民大学出版社，2015：96.

（二）北美自由贸易协定

北美自由贸易协定（north American free trade agreement，NAFTA）是美国、加拿大和墨西哥就1992年签署的《北美自由贸易协定》的关键事项达成一致意见，由此诞生了一个规模庞大的经济联盟。1994年，《北美自由贸易协定》正式生效。该协议由美国、加拿大和墨西哥3个成员国组成，其宗旨是取消贸易障碍、创造公平竞争的条件、增加投资机会、对知识产权提供适当的保护、建立执行协议和解决争端的有效程序、促进三边的地区及多边的合作。

（三）东南亚国家联盟

东南亚国家联盟（association of southeast Asian nations，ASEAN）简称东盟，1967年8月8日成立于泰国曼谷，现有印度尼西亚、马来西亚、菲律宾、泰国、新加坡、文莱、柬埔寨、老挝、缅甸、越南10个成员国。东南亚国家联盟的目标是促进成员国之间的经济增长和社会文化发展，并且促进区域和平稳定。东盟成为东南亚地区以经济合作为基础的政治、经济、安全一体化合作组织，并建立其一系列合作机制。东盟的宗旨是本着平等与合作的精神，共同促进本地区经济增长、社会进步和文化发展，促进本地区各成员国的交流，为建立一个繁荣、和平的东南亚国家共同体奠定基础，以促进本地区的和平与稳定。

（四）亚太经济合作组织

亚太经济合作组织（Asia-Pacific economic cooperation，APEC）简称亚太经合组织，是亚太地区重要的经济合作论坛，也是亚太地区最高级别的政府间经济合作机制。目前由21个经济体组成，包括中国、韩国、日本、马来西亚、澳大利亚、文莱、智利、中国香港、中国台湾、印度尼西亚、墨西哥、新西兰、巴布亚新几内亚、秘鲁、俄罗斯、菲律宾、越南、泰国、新加坡、美国和加拿大。亚太经济合作组织为推动区域贸易投资自由化，加强成员国间经济技术合作等方面发挥了重大的作用。它是亚太区内各地区之间促进经济成长、合作、交流、贸易、投资的论坛。

（五）南方共同市场

南方共同市场（south American common market）是南美洲地区最大的经济一体化组织，也是世界上第一个完全由发展中国家组成的共同市场。由巴西、阿根廷、乌拉圭、巴拉圭4个成员国组成。南方共同市场的最高决策机构为理事会，由成员国外交部长和经济部长组成，该组织的宗旨是通过有效利用资源、保护环境、协调宏观经济政策，加强经济互补，促进成员国科技进步，最终实现经济政治一体化。

七、贸易机制

（一）世界贸易组织

世界贸易组织（world trade organization，WTO）简称世贸组织，是一个独立于联合国的永久性国际组织。世贸组织总部设在瑞士的日内瓦，截至2020年5月，已拥有164个成员国。世界贸易组织成立于1995年，由关贸总协定（GATT）演变而成，它是负责处理国家间贸易规则的唯一全球性组织。世界贸易组织的职能是调解纠纷，加入世贸组织不是签订了一种多边贸易协议，它是贸易体制的组织基础和法律基础，还是众多贸易协定的管理者、各成员贸易立法的监督者，并为贸易提供解决争端和进行谈判的场所。世贸组织的目标是通过一个规则体系来帮助各国处理贸易事项。中国是2001年12月11日正式加入世界贸易组织的。表2-3列举了提交世贸组织的机构贸易争端案例。

表2-3　世贸组织案件

争端涉及的国家或地区	争端的性质及结果
美国、欧盟、加拿大与中国	2006年，原告要求争端解决机构DSB审核对汽车零部件征收的进口关税。他们指出，由于北京要求原告汽车生产商购买当地零部件，否则就得支付高额关税，致使原告汽车销售不佳。2008年，WTO裁定中国违反了贸易规则
美国与巴西	2003年，巴西控告美国通过对本国农户提供棉花补贴，帮助其降低在新兴市场的价格，导致巴西生产商处于不利地位。2004年，DSB首次对农业补贴进行裁决，同意棉花补贴违反了国际贸易规则
安提瓜和巴布达与美国	2003年，安提瓜和巴布达提出诉讼，指出美国禁止网络赌博，违反了全球贸易协定。2004年，WTO做出了有利于安提瓜和巴布达的裁决
美国与欧盟	2002年，美国总统小布什宣布3年内对进口钢材征收30%关税，欧盟对此提出申诉。2003年，WTO裁定该关税是不合法的。针对裁决结果，小布什总统以提高关税作为回应

资料来源：沃伦·J. 基根，马克·C. 格林. 全球营销［M］. 傅慧芬，戚永翎，史锐，译. 6版. 北京：中国人民大学出版社，2015：77.

（二）国际货币基金组织

国际货币基金组织（international monetary fund，IMF）是根据1944年7月在布雷顿森林会议签订的《国际货币基金组织协定》，于1945年12月27日在华盛顿成立的。国际货币基金组织是一个由185个国家组成的组织，它的目标是促进国际货币合作，并且为成员国实现和维护金融稳定、加强经济实力提供政策建议、临时贷款和技术支持。国际货币基金组织的宗旨是通过一个常设机构来促进国际货币合作，为国际货币问题的磋商和协作提供方法和途径，稳定国际汇率，在成员国之间保持有秩序的汇价安排，避免竞争性的汇价贬值，实现公平交易。

（三）世界银行集团

世界银行集团（world bank group）简称世界银行，成立于1945年，由国际复兴开发银行、国际开发协会、国际金融公司、多边投资担保机构和国际投资争端解决中心五个成员机构组成。世界银行的宗旨是向成员国提供贷款和投资，推进国际贸易均衡发展，为全世界的发展中国家提供重要的金融和技术援助。世界银行的目标是通过为成员国提供技术和金融支持来促进长期经济发展和减少贫困。世界银行一直在努力缩小富贫差距，把富国的资源转化成穷国的经济增长，努力帮助发展中国家走出贫困。

（四）经济发展与合作组织

经济发展与合作组织（organization for economic cooperation and development，OECD）简称经合组织，成立于1961年，总部设在巴黎，是由38个市场经济国家组成的政府间国际经济组织。现经合组织共有38个成员国，包括美国、法国、英国、德国、加拿大、意大利、荷兰、比利时、爱尔兰、奥地利、瑞士、卢森堡、瑞典、丹麦、冰岛、西班牙、希腊、土耳其、葡萄牙、挪威、日本、芬兰、澳大利亚、新西兰、墨西哥、捷克、匈牙利、波兰、韩国、斯洛伐克、智利、斯洛文尼亚、爱沙尼亚、以色列、拉脱维亚、立陶宛、哥伦比亚、哥斯达黎加。经合组织的使命是帮助这些成员国实现可持续的经济增长和就业，鼓励和协调成员国为援助发展中国家做出努力，帮助发展中国家改善经济状况，促进非成员国的经济发展，并且在维持金融稳定的同时提高国民的生活水平，从而为世界经济发展做出贡献。

第二节　全球营销的社会文化环境

一、文化的概念及种类

（一）文化的概念

文化的概念广泛且复杂，它包含了人们日常生活的全部。文化是人类世代留下的社会遗产，作为一个社会特有的生活方式反映了该社会面对的环境及生活方式。另外，文化还影响着政治、经济、法律、技术等其他环境因素。著名的荷兰心理学家认为文化是在一个环境下人们共同拥有的心理程序，能将一群人与其他人区分开来。文化的定义多种多样，普遍被认可的是作为社会组成人员获取的包括知识、信念、技术、道德、法律、习惯及其他能力和习惯以及学会的行为和行为结果的结合体，由社会组成人员共享并互相传达。文化的最初来源通常反映了组织创建者的愿景。一旦文化得以建立，一些特定的组织行为就有助于维持该文化，同时管理者的行为对组织的文化也会产生重大影响。一旦组织建立起文化，如果不维持传扬的话，那么组织文化很快就会衰落和消失。图2–2展示了一个组织的文化是如何建立和维持的。

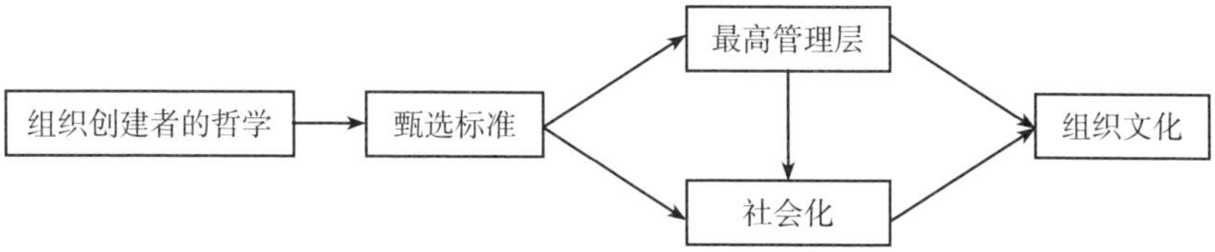

图2–2　文化的建立和维持

资料来源：斯蒂芬·P. 罗宾斯，玛丽·库尔特. 管理学［M］. 李原，孙建敏，黄小勇，译. 11版. 北京：中国人民大学出版社，2016：51.

（二）文化的种类

对于文化的种类不同的学者有不同的看法，根据文化的结构和范畴可以把文化分为广义文化和狭义文化，也可把文化分为物质文化和精神文化等等。本书主要讲解的是有关全球营销的知识及理论，在此本书从企业的视角把文化分为四种类型，即，个人文化、企业文化、产业文化及社会文化四种。

1. 个人文化

个人文化（individual culture）是以个人的文化标准为基础。个人的文化标准由个人生长过程中所受教育、人际关系及环境等要素决定。个人文化在作为消费者的个人要素中具有重要的意义，强调个体自由度的发挥。

2. 企业文化

企业文化（corporate culture）是以一个企业的文化标准为基础。企业文化是企业经过长期的价值观、规范思考方式及行动等文化因素对个人产生影响，并对在该企业工作的个人（如管理者和职员）和行为具有制约性。企业文化是企业在生产经营实践中逐步形成的，它为企业全体成员提供共同遵守的价值观、经营理念和行为规范等，是企业全体成员所共同认可和接受、自觉履行的。企业文化是企业的灵魂，是推动企业持续发展的动力。

3. 产业文化

产业文化（industrial culture）是以一个产业的文化标准作为基础。产业文化概括反映了产业内所有企业的企业文化。以全球性企业的观点来看，一个国家的特定产业文化可以提高某个特定企业的企业文化。

4. 社会文化

社会文化（social culture）是整个社会的文化标准，同时它也意味着整个国家立场的文化。社会文化包括了一个国家的个人文化、产业文化和企业文化。国民性可谓社会文化最具代表性的例子，它是指一个国家长期习得并共有的人性特征。一个国家存在的行为特征与习惯也是社会文化的主要组成因素。

二、主要社会文化变量

全球性企业要维持与当地企业和国民间的良好关系，理解该国文化对提高企业的业绩相当重要，社会文化变量和文化的组成因素成为了研究分析一个国家文化的概念性基础。

（一）语言

语言（language）是明确文化间差异最重要的变量。它作为沟通手段，代表某个国民或民族的身份，即具有区别一种语言与另一种语言特有的文化特性。一般来说，我们把语言称为文化的镜子。也就是说，语言不同那么文化也就不同。所以，要想理解各种不同的文化，首先就要先熟悉他们的语言。对于全球营销管理者们来说，理解进入国国家的语言是顺利与顾客及当地零售商等沟通的重要手段，只有掌握各国不同的语言才是进行营销活动的保障和前提。例如：很多全球企业进入中国市场进行经营生产活动时，营销管理者们大部分都熟知汉语，而且有些管理者甚至可以称得上是“中国通”，不仅对语言，而且对中国的文化风俗、地理分布、风土人情等了如指掌，为企业顺利开展营销活动奠定了坚实的基础。

语言分为语音语言和非语音语言。语音语言（spoken language）是以话语和文字表现的语言。例如：韩语、英语、汉语和日语等相关的语音语言，是由话语和文字组成的。也有一些可以用话语表现出来，却没有固有文字的语音语言。在多民族或多种族的国家，由于存在各种不同的语音语言，与外族或其他种族可能会发生不可能或者很难沟通的情况，我国就是一个很好的例子。众所周知，我国是一个拥有56个民族的多民族国家。每个民族都有其特定的民族语言及文化，这就为外资企业在我国国内开展经营活动带来了一定的困难。但我国全国推行说普通话（标准中国语），强调普通话的重要作用。所以就算全球营销管理者不会讲地方民族语言，但只要他会说普通话，那对于他开展营销活动来说就没那么多困难了。非语音语言（unspoken language）是指通过手势、表情和身体动作等进行的沟通。它在各国家、各民族及各部族不同，而且同样的表现也可能有完全不同的解释。下面我们来了解一下，语言会在哪些方面对全球企业的经营活动产生影响。语言会对全球性企业的活动产生影响主要表现在以下几个方面。

1. 当地管理者与职员的沟通

全球企业在海外进行经营活动或是在海外设立分公司、分工厂时，一定会雇佣或聘任当地人员作为企业管理者或职员，从而方便企业在该地或该国进行营销活动。这就需要全球营销管理者与当地管理者和职员保持正确有效的沟通及意识传递，如果沟通出现障碍或不顺畅，会导致企业无法正常开展经营活动、实施营销策略。因此，熟悉和掌握进入国当地的语言是进行和保持有效沟通的重要途径和方法。

2. 与当地消费者的沟通

全球企业生产制造出产品或服务，最终目的是将产品或服务销售给最终消费者，满足消费者的需求，从而获得丰厚的收益。全球企业进入海外市场，由于各海外市场的政治、经济、社会文化等环境不同，消费者的行为模式、生活方式、爱好等也有所不同，因此，全球营销管理者只有充分了解进入国当地国家的语言，掌握该国或地域的文化风俗习惯等环境因素才能真正满足进入国消费者的需求和欲望，为企业赢得更多的收益。

3. 设定品牌名称及广告主题等全球营销活动

全球营销管理者进行海外市场营销活动时通常会使用电视、广播、报纸等媒体进行广告宣传促销，只有充分掌握和熟知当地国家的语言才能制定出符合消费者习惯和心理的广告标语及品牌名称。例如：韩国农心辛拉面进入中国市场时所使用的广告标语就是引用毛泽东主席《清平乐·六盘山》中的名句“不到长城非好汉”，将其改为“吃不了辣味非好汉”的主题标语，勾起了中国消费者的挑战心理，从而在中国市场上取得了巨大成功。

4. 全球营销调查（如以当地人为对象的问卷调查、采访、访谈等）

全球企业在进入海外市场之前，为避免企业盲目地进入市场而遭受不可估计的损失，首先要对市场进行详细的市场调研活动。这就需要以当地人为对象进行问卷调查、访谈等，收集数据资料用于企业制定营销战略。进行问卷调查需要用当地的语言制作调查问卷，进行采访或访谈也需要用当地的语言进行提问或咨询，这就要求调查人员要熟知和熟悉当地语言，这样才能进行有效的沟通，收集到宝贵的信息。

由此可见，对当地国语言的熟知不仅可以加强与当地员工和消费者的交流沟通、减少误会，还可以对企业开展有效的营销活动提供支持和保障。在此介绍一些重要的有关交流的问题。双方交流时要注意先后顺序的问题，要按照先后顺序讨论和交谈，不能离题或偏题。根据两位国际谈判专家的看法，谈判中常见的美国式直接战术有10种。具体内容如表2-4所示。

表2-4 美国人的沟通风格

语言提示	隐蔽的实情	建议的调整方法
1.“我一人谈就行。”	谈判时，美方参与的人数通常少于对方。这反映了美国的个人主义文化	更多地依靠团队合作，并对谈判工作进行分工，特别是在集体主义文化中
2.“叫我约翰好了。”	美国人看重谈判中的非正式风格和参与者的平等地位。这会与外国文化习俗和等级结构产生冲突	尊重其他文化的习俗和等级结构。争取通过自学和从当地代理商那里获得有关当地态度和价值观的信息
3.“你会说英语吗?”	美国文化是单一语言为主的文化。一则笑话如下：问：怎么描述会两种语言的人？答：会双语的人。问：怎么描述只会一种语言的人？答：美国人!	不要理会学外语有多难的老生常谈。如果你在外国常年有业务要做，那么就要下点功夫学那里的语言。至少要和一位胜任的翻译搞好关系
4.“直接谈正题吧。”	美国人的交流风格偏向于快捷，表现得比较直率和不够耐心	要理解其他文化背景的人需要培养一种关联的意识和个人信任感，从而对生意感到放心，这样做需要时间
5.“摊牌吧。”	美国人喜欢把事情摆到桌面上来，不习惯于“试探”合作伙伴的潜在做法	慢慢来，应认识到有必要用更好的方式重新提问。如需要，甚至重新提问几遍。为获得所需的信息，准备投入你以为所需两倍的时间
6.“怎么没人说话呀?”	美国人对谈判中出现的沉寂颇感不适。为摆脱这种不适，他们会自己不断地说话	要认识到在许多文化中沉默是金。喋喋不休可能是有害的。偶遇对方沉默不语，就让他们随意。自己可乘机反思，抓住对方表现出的非语言信息。换言之，甄选沉寂，利益沉寂
7.“不要把‘不’当作最终回答。”	坚持不懈和“硬销”在美国颇受好评	假如回答是“不”，停止销售，找出原因，并应对这些原因
8.“一次一个问题。”	美国人喜欢线性的、有组织的“左脑”谈判风格。这种“第1点，第2点”排序式表达法并不是全球通用的	认识自己右脑的能力。采取着眼于整体的谈判方式。加入谈判进入原地打转的僵持状态，你得保持耐心

表 2–4（续）

语言提示	隐蔽的实情	建议的调整方法
9. “必须照合同办事。”	这是单方面对预期的表露，对方未见得有同感。你是同意合同中的每一个条款，还是仅仅同意一起努力？	对谈判与合作，采取一种循序渐进、建设性的态度
10. “我就是我。”	美国人倾向于持非白即黑的态度	采取更加灵活的立场。情愿为适应对手而改变自己的思想和做派

资料来源：沃伦·J. 基根，马克·C. 格林. 全球营销［M］. 傅慧芬，戚永翎，史锐，译. 6版. 北京：中国人民大学出版社，2015：117.

（二）美学

美学（aesthetics）意为探索自然、人生及艺术等包含的美的本质和构造的学问。它与一个文化的美的感觉和爱好等有关，以艺术（音乐、美术、话剧及舞蹈）、色彩和形象等方式表达。全球营销管理者在产品、标签、包装的颜色和模样等方面要充分意识到视觉美学的重要性。不同的国家对颜色的审美和寓意各有不同。对与特定色彩相关的含义各国家的解释相差如下。

① 黄色：在印度，黄色代表太阳的颜色，表示华丽、光辉；而在马来西亚，黄色则代表伊斯兰教君主的颜色，马来西亚人绝不穿黄色的衣服。

② 绿色：在丛林或热带雨林国家意味着“疾病”；在印度，绿色意味着真理，表示对知识的追求；在法国和荷兰与“化妆品”相关联；在埃及，绿色为国家色，因此不可以做包装纸等使用，并且埃及人最喜欢的颜色也是绿色。

③ 黑色、白色、紫色：在西方的黑色、在东方的白色以及在南美的紫色都象征着“死亡或者葬礼”。

④ 红色：在中国有喜气洋洋、大吉大利、红红火火之意。

⑤ 蓝色：欧洲大多数国家都喜欢蓝色。希腊人的国旗就是蓝白色的。

（三）价值观与态度

价值观（values）是人类对包含自己在内的世界和世界中的事物（事相）持有的基本评估态度。这里的态度（attitude）是指对某一事物或情况等的姿态。人类的大部分行动都以这样的价值观和态度为基础。通常情况下，价值观和态度根据长期对某一国民或民族产生影响的宗教和哲学思想等所决定。个人主义对集体主义的文化差异取决于一个人的意识决定里是以个人为中心还是以集体需求为中心。个人主义文化和集体主义文化表现有很多的区别。例如：在个人主义价值观（如美国）盛行的文化背景下，个人利益优先于集体目标；而反面，在集体主义价值观（如韩国、中国及日本等）盛行的文化背景下，集体目标优先于个人利益。

（四）宗教

宗教（religion）是指以对神、超自然的绝对者和力量的信仰来排解人类生活中的苦恼，追求生活的正面意义与来世的文化体系。宗教也是社会信任、态度和价值的重要来源。世界的主要宗教有佛教、伊斯兰教、基督教、犹太教、天主教等。宗教对人类的日常生活、价值观和态度都有很大的影响。某一特定宗教会对相信该宗教人们的行为和思考产生重大的影响。各国所信奉的宗教也是多种多样的，这些宗教对全球营销管理者进行营销活动时也产生很大的影响。全球营销管理者在进行全球营销战略时，要充分考虑各国人民所信奉的宗教，切勿做出有损宗教信仰的事情而引起不必要的纠纷。当然，利用宗教的影响来进行营销活动而取得成功的企业也不在少数。全球营销管理者们在进入海外市场时，要充分考虑宗教的影响，制订出适合于企业发展的正确营销策略。

三、文化因素的分析方法

全球营销管理者必须认识到世界不同市场的社会、文化环境的不同而予以采用相对应的营销策略。为了更好地理解全球市场中的社会和文化动力，在此介绍两种具有代表性的分析方法：马斯洛的需求层次理论和霍夫斯泰德的文化维度理论。

（一）马斯洛的需求层次理论

著名的美国心理学家亚伯拉罕·马斯洛（Abraham Maslow）于20世纪40年代提出了一个关于人类动机、反映人类行为和心理活动的理论，即马斯洛的需求层次理论。该理论由马斯洛1943年在《人类激烈理论》一文中首次提出，并于1954年在其专著《动机与人格》中进行了更全面的阐述。该理论中，马斯洛提出每个人都有五种层次的需要，从低到高，按金字塔形排列，分为生理需要、安全需要、社交需要、尊重需要和自我实现需要（见图2-3）。生理需要是维持人的生存与发展的需要，包括人的衣、食、住、行等方面的需要，它是人类最基本的需要。安全需要是人类保护自身免受伤害的需要，包括人身安全、财产安全、职业安全等。社交需要是人类在社会交往方面的需要，包括归属、友谊、爱情、亲情等。尊重需要是自我尊重和受人尊重的需要，包括名誉、地位、声望、权力等。自我实现需要是人类对自我发展、自我价值实现和自我理想实现的需要，是人类所追求的最高层次的需要。马斯洛认为，每个需求层次必须得到实质的满足后，才会激活下一个目标。而且马斯洛把这五种需要分为低级和高级两个级别。低级层次的需要包括生理需要和安全需要，高级层次的需要包括社交需要、尊重需要和自我实现需要。

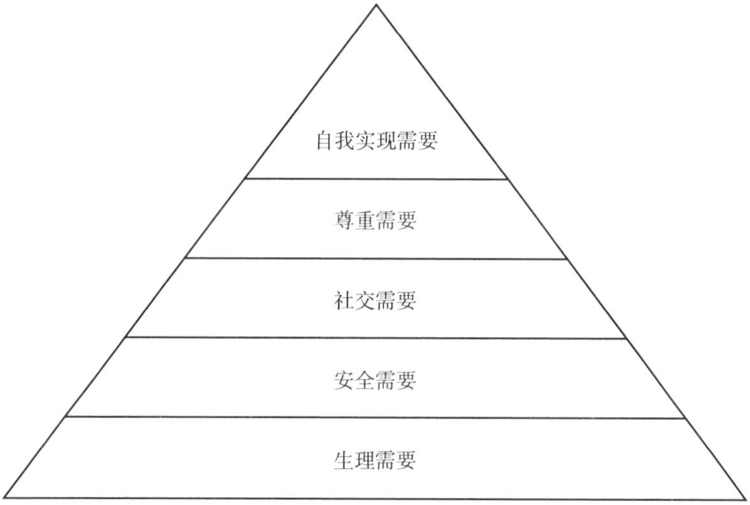

图2-3 马斯洛的需求层次理论

马斯洛的需求层次理论在一定程度上反映了人类行为和心理活动的共同规律。马斯洛认为这五种需要按照从低到高的顺序排列，只有较低层次的需要得到满足以后，才会跃升到高一层次的需要，是按照从低级向高级的发展过程逐步实现的。也就是说，人的满足需要的行为是由低层次的需要向高层次的需要逐级推移的，当低层次的需要得到满足，它的优势程度就会随之减弱，而下一层次需要的重要程度就会随之增强，从而产生新的满足需要的行为。该理论也有其局限性，忽略了人的需要既有天生的，也有后天形成的，而且，认为需要是从低级向高级逐层发展带有一定的机械论色彩。

（二）霍夫斯泰德的文化维度理论

霍夫斯泰德的文化维度理论（Hofstede’s cultural dimensions theory）是由著名的荷兰心理学家吉尔特·霍夫斯泰德提出来的。从1967年到1973年，霍夫斯泰德及其团队在IBM公司进行了一项大规模的文化价值观调查，总结出国家文化的四个维度： 权力距离、个人主义和集体主义、规避不确定性（或不确定性回避）、男性主义和女性主义（或阳刚气质与阴性气质）。之后，他又增加了第五个文化维度：长期导向和短期导向。权力距离（power distance）指某一社会中地位低的人对权力在社会或组织中不平等分配的接受程度。个人主义和集体主义（individualism versus collectivism）衡量某一社会总体是关注个人利益还是关注集体利益。不确定性回避（uncertainty avoidance）是文化成员对于不确定的或是未知的情况所感觉到的恐慌程度。一般来说，不确定性回避指数较高的文化通常会对新思想或新行为持怀疑态度或拒绝接受，其社会成员往往也显得较为焦虑或紧张。男性主义和女性主义（masculinity versus femininity）主要指对男性和女性职能的界定。长期导向和短期导向（long-term versus short-term）指的是某一文化中的成员对延迟某物质、情感、社会需求的满足所能接受的程度。具体内容见表2-5。

表2-5　霍夫斯泰德的文化维度理论

文化维度	具体内容
权力距离(高对低)	权力小的个人和组织接受社会中权力不平等分配的程度。在高权力距离社会，不平等很正常。霍夫斯泰德声称："所有社会都是不平等的，但有些社会特别不平等。"
个人主义和集体主义	个人融入集体的程度。个人主义强烈时，个人只关心自己及关系亲近的人，如家人。如果集体主义占主要地位，人民会融入更强大、更统一的集体，通常是大家庭，互相照看，有不可置疑的忠诚度。在这一意义上，集体主义指任何集体且没有政治含义
男性主义和女性主义	独断或竞争原则与谦逊或关怀原则在性别之间的分布。在男性主义文化中，成就和成功是主要价值取向，绩效很重要。在女性主义文化中，关心他人和生活质量占主导，地位不是很重要，社会关系是以人性方式发生的
规避不确定性(高对低)	人们感到受威胁，并试图规避这种不确定性和含糊性的程度。规避不确定性程度高时，社会利用严格的法律和规定、安全与保障措施、哲学和宗教信仰来减小不确定性，人们通常在社会交往中表现得更情绪化。规避不确定性程度低时，容忍度鼓励人们表现得更多样化，包括观点、行为，社会对行为的管理规定少得多，创新和创业力度更大，人们在交往中表现的情绪少，更理性
长期导向和短期导向	由中国伟大的哲学家孔子提出，但适用于所有地方，指实现人生目标采取实用的、以未来为导向的视角。长期导向强调节俭和毅力。短期导向强调对传统的尊重，履行社会义务，保护个人公共形象

资料来源：沃伦·J. 基根. 全球营销管理［M］. 张政，译. 北京：清华大学出版社，2020：83.

霍夫斯泰德认为个人主义和集体主义在各个国家表现不同，例如：在发达的西方国家个人主义倾向最明显，而发展中国家则集体主义倾向最强。日本和拉美国家的不确定性规避比较强，而中国、印度等国不确定性规避明显减弱。权力距离大的国家包括拉美、亚洲和非洲国家。具体的东西方文化比较见表2-6。

表2-6　按照霍夫斯泰德模型比较东西方文化

文化维度	国家
集体主义，女性气质	韩国、泰国、智利、哥斯达黎加、保加利亚、俄罗斯、葡萄牙、西班牙
集体主义，男性气质	中国、日本、墨西哥、委内瑞拉、埃及、约旦、叙利亚、希腊
个人主义，女性气质	法国、荷兰及斯堪的纳维亚国家
个人主义，男性气质	匈牙利、波兰及斯洛文尼亚、美国、英国、澳大利亚、德国、奥地利
权力距离小，不确定性规避弱	美国、英国、澳大利亚、丹麦、瑞典、挪威
权力距离大，不确定性规避弱	中国、印度
权力距离小，不确定性规避强	德国、奥地利、匈牙利、以色列
权力距离大，不确定性规避强	埃及、约旦、叙利亚、韩国、日本及拉丁美洲国家

资料来源：伊兰·阿隆，尤金·贾菲，多娜塔·维亚内利. 全球营销［M］. 郭晓凌，龚诗阳，译. 北京：中国人民大学出版社，2016：57.

四、文化环境和消费者行为

企业在进行全球营销时的文化环境之所以很重要，是因为各国不同的文化环境对各海外市场的消费者行为产生很大的影响。也就是说，国家间文化环境的差异会带来消费者行为的相似性和产生相异性。一般来说，消费者具有什么样的特性会影响其自身的消费意识决定行为。就算是具有类似消费特性的消费者在随着所处文化环境的不同对营销刺激的反应及所表现的消费者行为有时也是不一样的。随着社会的发展、时代的进步，消费者的消费文化也发生了很大的改变，新的消费文化正在出现。如“快餐文化”“信用卡文化”“咖啡文化”“酒吧文化”等。特别是在互联网技术飞速发展的今天，更多的消费者越来越倾向和喜爱网络购物。“全球购文化”也就随之诞生发展起来。全球企业要想在激烈的市场竞争中生存和发展下去，了解和掌握全球消费者文化对全球企业开展营销活动至关重要。图2-4展示了文化环境和消费者行为之间的关系。

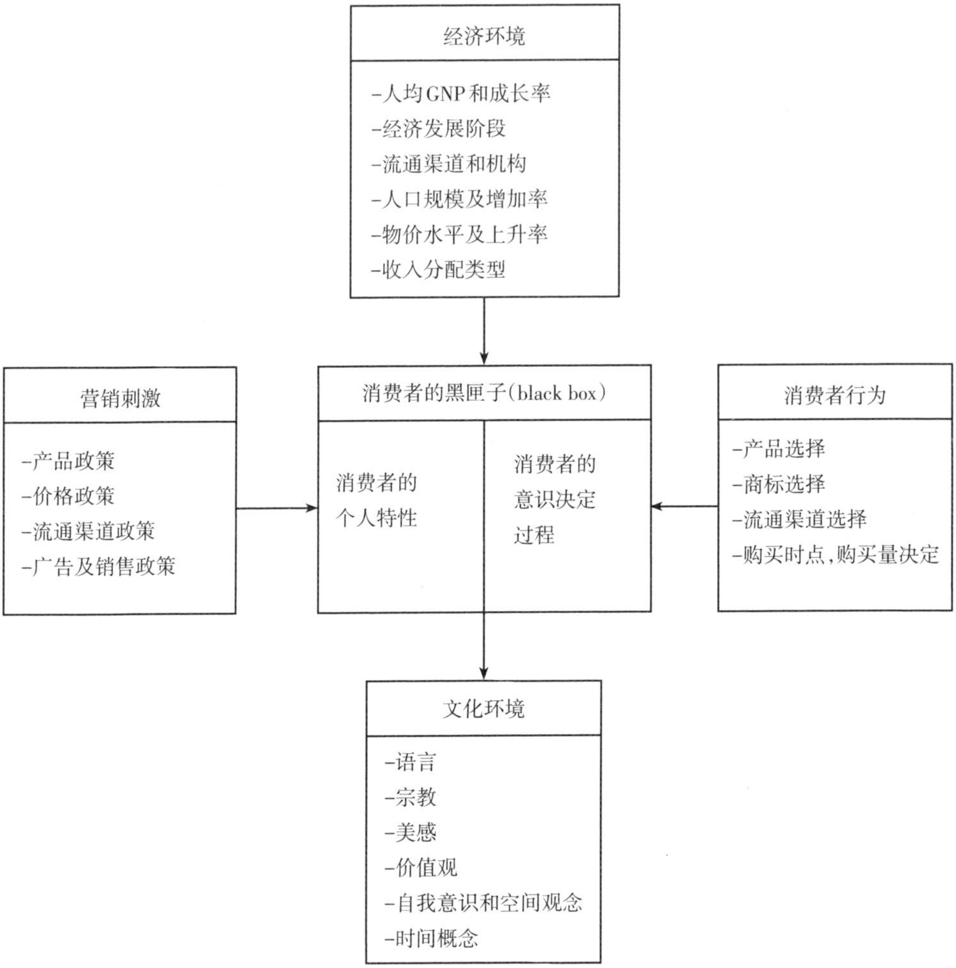

图2-4　文化环境和消费者行为模型

资料来源：이철.글로벌마케팅：제3판.학현사，2020：55.

从图2-4可知，全球营销管理者们如果不能理解各国文化环境的不同而带来的消费者行为不同的话，那么在进入海外市场时就可能存在失败的风险。全球企业进入海外市场失败的原因大部分是对当地国的文化环境没有理解好。如世界著名的零售巨头沃尔玛进入韩国市场而以失败告终的案例。那是因为沃尔玛固执地坚持原封不动地以美国式流通战略进入韩国市场，而且当时沃尔玛的相关营销管理者们没有详细理解和掌握韩国的文化及韩国消费者的消费特性，忽视韩国消费者的本土保护意识，最终失败退场。当然，反面来说，全球企业的营销管理者们充分理解进入国当地文化环境和当地国消费者的购买方式、价值观、消费特性、生活方式等而取得成功的例子也比比皆是。如韩国好丽友·派进入中国市场时，进行了充分的实地市场调查和掌握了中国人的文化风俗习惯之后才正式进入中国市场——首选中国的首都北京。好丽友深知中国人喜欢红色（见图2-5），因为红色象征着红红火火、喜气洋洋、蒸蒸日上之意，所以好丽友·派的外包装都采用红色（见图2-5），就连产品的数量都是依据中国人喜好的数字“8”而进行的组装分配，广告语的设置也是根据中国人都熟知的名言而设计。好丽友充分了解中国市场的文化环境和消费者特性而制订了合理有效的当地化营销策略从而使好丽友·派在中国市场上取得了巨大的成功。因此，对于全球营销管理者来说，一定要充分了解各海外市场的文化环境，找出相似点和相异点，对现地消费者行为进行分析从而开发和建立正确合理有效的市场营销组合策略。

图2-5　中国市场的好丽友·派

第三节　全球营销的政治环境

每个国家都具有自己独特的政治环境。全球营销活动还会受到政治环境的影响，包括政府机构、政党和一些组织。因此，全球企业在进入海外市场时，一定要了解和观察当地的政治环境，重点分析该国的政治环境是否会给本企业带来政治风险和灾害等。下面，我们来了解一下政治环境和政治风险及应对的方法。

一、政治环境和政治风险

全球企业在开展全球营销活动时，会受到当地国家政治环境的影响和制约，这些政治因素主要包括当地国政府机构、政党和一些机构组织及民间团体等。企业在母国市场中将接受政治与法律环境因素视为当然行为，不视其为特别之处。可是，在国际产业活动中政治与法律因素则以重要问题登场，对其必须倾注关注。企业因他国的政治与法律系统与母国不同就轻易将其特殊看待实属母国中心导向型。

（一）政治环境

一般来说，政治环境（political environment）由以下几种变量组成：政治理念（political ideology）、国有化（nationalization）、民营化（privatization）、政府对国内外经济活动的保护（protection of economic activities）、国际组织（international institutions）、行业工会（labor union）、全球性企业（global company）。

（二）政治风险

政治风险（political risk）指的是东道国政府可以对全球性企业的活动产生否定性影响或者导致损失。政治风险是政治环境和政府政策变化引起的风险。这种风险会对公司开展有效经营的能力和获利能力造成负面影响，可能阻碍公司在国外的投资。简单说，政治风险指可以导致正在进行国际经营活动的企业资产和利益的损失的政治性事件发生的可能性。如果一个国家的政治风险越低，那它就越能吸引外资企业的投资；如果一个国家的政治风险高，那在该国投资的外国企业所面临的风险也就随之增高。图2-6呈现出了政治风险的来源。

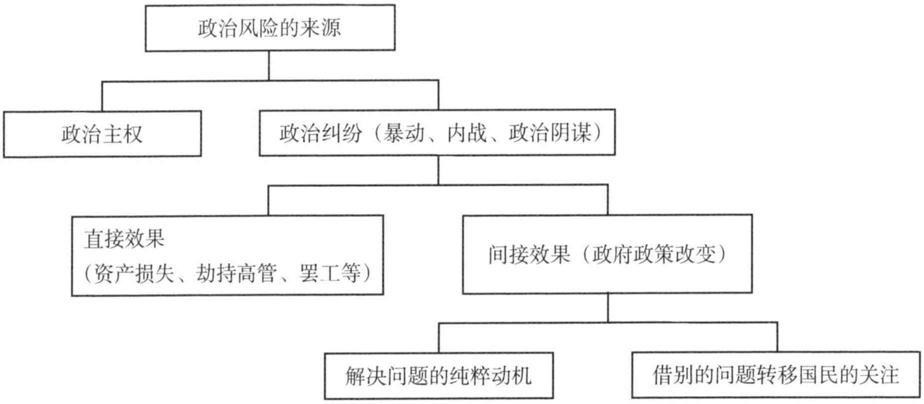

图2-6 政治风险的来源

资料来源：이철.글로벌마케팅［M］. 3판. 학현사，2020：84.

当一个国际的政治环境呈现高度不确定时，该国将很难吸引外资，全球企业大部分都会选择政治风险程度低的国家进行投资。而对国家市场的政治风险进行评估和判定的标准也各不相同。例如：商业环境风险评估公司（business environment risk intelligence，BERI）侧重于社会和制度的属性，而PRS集团（PRS group）则更直接侧重于政府行为和经济职能，详细内容请参考表2-7。

表2-7 政治风险分类

经济学人智库	商业环境风险评估公司	PRS集团政治风险检测服务
战争	政治派别分化	政治动乱的可能性
社会动乱	由语言、伦理和/或宗教团体形成的分化	股权限制
有序的政治体制转换	维持政权所需的限制性/胁迫性措施	对在当地经营机构/生产基地的设置限制
怀有政治动机的暴力	心态（仇外、民族主义、腐败、裙带关系）	歧视性税收
国际纷争	社会条件（包括人口密度和财富分布状况）	对资金汇回（国）的限制
政府变更/亲商导向	激进型政府势力的组织和实力	交换控制
制度效力	对主要敌对权势的仰赖或对此权势的重要性	关税壁垒
官僚作风	对地区政治势力的负面影响	其他壁垒
透明/公平程度	涉及示威、罢工和街巷暴力社会冲突	支付延误
贪腐	由暗杀和游击战反映的不稳定	财政/货币扩张
犯罪		劳动力成本外债

资料来源：沃伦·J.基根，马克·C. 格林. 全球营销［M］. 傅慧芬，戚永翎，史锐，译. 6版. 北京：中国人民大学出版社，2015：136.

一般来说，全球性企业在某国进行经营活动时可能面临的政治风险大体有以下几个方面：没收（confiscation）、征收（expropriation）、外汇管制（foreign currency control）、雇佣规则（employment regulations）、当地零部件的使用要求（local contents requirements）、管理和资本的当地化（localization of management and capital）、单方毁约（one-sided abrogation of contract）与再协商（re-negotiation）的要求。

政治风险还可定义为一组不利事件发生的概率。“不利事件”指那些由于对公司价值造成威胁而可能影响其业绩的事件。此类事件包含指向特定公司的公司风险及不指向特定公司但能影响特定行业内全国所有公司的国家风险或称微观风险和宏观风险。公司风险所表现出的形式有征用公司资产、绑架公司员工、资产转让及违约等。国家风险包括现在利润汇回本国、内乱、货币不可兑换、当地持股的强制要求、特定产业的国有化（如政府接管某一产业所有公司的资产，如发电产业）。图2-7所示为韩国市民拒买日本优衣库产品。

图2-7 韩国市民拒买日本优衣库产品

二、政治风险的管理

关于政治风险的主要问题是如何进行测量和管理。大多数政治风险观察家认为，政治风险取决于政治权力如何行使，既包括政府的权力，也包括工会和活动人士等团体的权力。使用或滥用政治权力通常是因为经济下滑和宗教冲突等因素引发了社会动荡。因此，通过检测社会动荡和不稳定是否可能发生并最终威胁公司业绩，可以衡量政治风险发生的概率。由于政治风险不连续发生的可能性极高，因此很难预测未来。为了减少这样的未来不确定性与投资损失需要对政治风险进行管理。政治风险的管理方法一般我们可以从投资前和投资后（风险发生）来进行管理和应对。

（一）投资前的管理方法

投资前的管理方法可分为内部管理方法和外部管理方法两种。其中内部管理方法细分为放弃进入、当地持股最小化、国际一体化等。外部管理方法细分为加入政府与民间海外投资保险、加入当地政府的投资担保、政府间的投资保障协议等。具体内容如表2–8所示。

表2–8　政治风险的管理方法（投资前）

内部管理方法	外部管理方法
–放弃进入 –当地持股最小化 –合资经营 –当地借贷 –经营管理合同 –国际一体化 –生产、营销及零部件调配活动的国际一体化	–加入政府与民间海外投资保险 –加入当地政府的投资担保 –政府间的投资保障协议

（二）投资后的管理方法

投资后的管理方法分为内部管理方法和外部管理方法两种。其中，内部管理方法细分为：打造良好的企业形象、为东道国的技术转移和经济发展做贡献等。外部管理方法细分为：加入政府与民间的海外投资保险、当地政府的投资担保及政府间的投资保障协议等。具体内容如表2–9所示。

表2–9　政治风险的管理方法（投资后）

内部管理方法	外部管理方法
–打造良好的企业形象 –帮助东道国的技术转移 –帮助东道国的经济发展	–加入政府与民间的海外投资保险 –当地政府的投资担保 –政府间的投资保障协议

此外，为了有效地管理政治风险，全球营销管理者们还可以使用回避战略、保险战略、协商战略和投资构造调整战略等减少和防范政治风险给企业带来的损失。

① 回避战略指的是避免进入由于政治原因局势不稳定的国家，也就是将政治上不稳定的国家排除在外，选择其他国家进行企业经营活动的战略。此战略主要以政治风险的预测及评价方法为主要评价手段。

② 保险战略是将政治风险的负担转移给第三方，即外国投资公司、私人保险公司和国际保险机构等公共保险。

③ 协商战略是指在进入海外市场之前与当地政府签署明确的特许权维护协议的战略。此协议里应明确规定和明示外国企业、当地政府和当地合作人的权力和责任关系。

④ 投资构造调整战略是指适当调整企业在当地的运营政策和财政政策，从而使潜在的威胁最小化的战略。例如：进入海外市场以后，就应该有几种运营政策可以有效地应对当地的不确定性。这些运营政策应该包括当地人股东参与和撤退时而建立的战略和短期利润最大化时的方法策略等。

全球营销管理者对于以上政治风险应该采用有效的管理方法使之政治风险最小化。切记，不要认为任何单一策略的效果才是最好的。应该根据具体情况，采用适合于解决问题的有效策略，可以使用多种策略。全球营销管理者对于当地政府的需求应积极响应和对待，采用柔性的思考方式来应对，和当地政府齐心协力共同处理政治风险带来的问题和危害。

第四节　全球营销的法律环境

我们共同生活在一个地球上，地球上的所有国家都有自己独特固有的法律和风俗习惯。每个国家的体制不同，所以采用的法律规定也有所不同。对于全球企业来说，进入海外市场时，还应该考虑的一个重要环境因素就是该国的法律环境。各国的法律环境不同对全球企业的影响也是很大的。例如：全球企业进行海外经营活动时，需要资金的援助，这就涉及最基本的汇率，各国对于汇率的管制也是各有不同。因此，对于全球营销管理者来说了解和掌握各国对汇率的管制和规范是刻不容缓的。此外，对于产品的包装、广告宣传及销售等各国也有各国的要求和规定，所以，全球营销管理者们要好好理解和掌握各国不同的法律环境和政策体制以保证全球营销活动的正确开展和实施。

一、法律体系的国际差异

全球营销管理者进入海外市场之前必须要了解和分析该国的法律环境，因为各国的法律体系都是不同的。各国的法律和规则各不相同，势必会影响全球企业开展贸易和营销活动，因此了解和掌握各国的法律环境、规则制定对于全球企业来说是非常重要的。

全世界有五种法律体系，其中以民法、普通法和伊斯兰法最为主要。韩国学者李哲认为世界法律体系由两大体系构成，即民法和普通法。民法法系由涵盖广泛的法律规定或立法体系组成，例如在韩国、日本等亚洲国家，欧洲和中南美洲国家实行。相反，普通法则是在英国和美国或北美国家实行，它是基于社会传统或惯例、法庭判决而形成的法律体系。伊斯兰法是用事例而非原则制定的，依靠《伊斯兰教法》（*Sharia Law*）。在伊斯兰法律中，《伊斯兰教法》是一部涵盖生活中所有方面的全面守则，包括伊斯兰信徒的业务。

二、全球营销关联的法律问题

全球法律环境是动态和复杂的。对于全球营销管理者来说，他们应该熟悉和掌握所进入国的法律体系和相关问题。如海关及国际贸易法规、知识产权、技术转让、土地租赁、汇率制度等，这些特定问题在进入海外市场之前都需要调查清楚和充分了解。如果发生法律问题，首先最好的办法莫过于聘请专业法律顾问或法律专家来帮助解决，这对于理解当地法律环境的复杂性也有很大的帮助。下面给大家介绍几种在全球营销活动里经常遇见的法律问题。

（一）法律管辖权

法律管辖权是指企业间发生国际纠纷时适用何国法律体系并归属何国法院解决的管辖权。一般来说，一国内的所有经济活动都会受该国法律的支配和管辖的。可是，超越国境的交易活动应该受到哪国的法律管辖呢？全球企业在进行海外市场活动时，会涉及国际合同的签署、出口合同的缔结、技术转让等事项。这就要求全球企业管理者在签署合同之前，应该和当事者共同商议和决定将在发生纠纷时应该依靠哪国法律规定处理的有关事项在合同书里加以明示和体现。究竟是依靠进入国国家的法律还是依据其他国家的法律来解决纠纷等问题需要全球企业的管理者和进入国当事者共同协商决定。

（二）知识产权：专利、商标和著作权

随着企业对知识产权的重视和关心度越来越高，全球营销管理者们对企业的专利和商标的保护意识也越来越强，有关企业间专利的诉讼纠纷我们也是有目共睹的。知识产权可以分为三类，即专利、商标和著作权（也称版权）。全球企业只在自己的国家申请专利保护，并不意味在其他国家也同样受到专利保护。因此，全球营销管理者们应该在与本企业有交易往来的所有国家里都申请自己的知识产品保护，这样才能防止自己的知识产权受到侵犯。也就是说，全

球营销人员必须确保他们开展业务的国家对专利权和商标予以保护。专利权（patent right）简称专利，是发明创造人或其权利受让人对特定的发明创造在一定期限内依法享有的独占实施权。专利权具有时间性、地域性、排他性（独占性或专有性）。时间性是指法律对专利权所有人的保护不是无期限的，而是有时间限制和规定的，超过这一时间限制则不再予以保护。地域性是指任何一项专利权，只有依据一定地域内的法律才得以产生并在该地域内受到法律保护。排他性是指专利权人对其拥有的专利权行有独占或排他的权利，未经其许可，任何人不得使用，否则构成侵权。商标（trade mark）是指经过一定的程序登记，注册并受到法律保护的品牌。世界知识产权组织是致力于利用知识产权（专利、版权、商标、外观设计等）作为激励创新与创造手段的联合国机构。世界知识产权组织的总部设在瑞士日内瓦，在美国纽约联合国大厦设有联络处。世界知识产权组织（world intellectual property organization，WIPO）认为商标是将某商品或服务标明是某具体个人或企业所生产或提供的商品或服务的显著标志。简单地说，商标是用来区别一国经营者的品牌或服务和其他经营者的商品或服务的标记。一旦成为注册商标便享有独占使用权，可以防止别的企业的侵犯。著作权也称为版权，是指作者或其他人（包括法人）依法对某一著作物享有的权利。

对于全球营销管理者来说商标和专利的侵犯是需要解决的重要问题。大部分的先进国家对商标和专利的保护所实施的法律和规则等还是很完善的。全球营销管理者在进入海外市场时，一定要了解和掌握所进入国对知识产权保护的相关法律规定和条款，有效地采取法律措施保护好自己的专利和商标，防止侵权事件的发生，提前做好防范措施，保护好企业的知识产权。

（三）商业机密

商业机密又称商业秘密，是指不为公众所知悉、能为权利人带来经济利益，具有实用性并经权利人采取保密措施的技术信息和经营信息。商业机密是对企业的机密文件、技术、图纸等具有商业价值的秘密信息、知识、技术等实施保密的，不向外公开的一些信息。商业机密包括生产过程、技术配方、设计图纸、客户名单信息等内容，这些机密信息也正是企业保持核心竞争力的主要源泉，是企业培养竞争力的重要保障。企业的商业机密一旦被泄露，就会被第三方自行复制并使用从而导致企业失去竞争优势。20世纪90年代，随着世界各国对有关商业机密法律的普遍制定和完善，我国于1993年制定了第一部商业机密法。这意味着我国将商业机密正式纳入法律保护的范围内，任何有关侵犯商业机密的行为都将受到法律的制裁和惩罚。对于全球企业来说，面临着来自世界各地不同的竞争对手，因此保护企业的商业秘密，防止机密信息泄露就显得至关重要了。

（四）诉讼和仲裁

在复杂的全球市场中，任何地方的经济活动都会不可避免地发生冲突和纠纷。不同国家的企业之间开展贸易活动、买卖交易、合资合作等活动，势必会受到不同文化、社会因素的隔阂和阻碍。那么，全球企业之间一旦发生冲突和纠纷时，应该怎么处理和解决呢？下面我们给大家介绍解决企业间冲突和纠纷的两种常用方法，即诉讼和仲裁。

1. 诉讼

诉讼是企业间发生纠纷时所采用的一种解决方式。如果企业和另一方国外企业的纠纷在本国管辖内发生的话，可以依据本国的体系解决纠纷；如果在其他国家发生的法律诉讼的话，解决起来就相对比较复杂和麻烦。首先是因为语言、法律体系、货币及商业模式不同。此外，取证程序不同也会带来一些问题和困难。因此，鉴于以上种种理由，许多企业选择在起诉之前申请仲裁。

2. 仲裁

仲裁是指双方当事人在争议发生之前或者争议发生之后达成协议，自愿将争议交给第三方做出裁决，争议双方有义务执行该裁决，从而解决争议的法律制度。仲裁一般由一个三人小组组成，需要相关各方参加听证会。一旦仲裁启动双方就不能撤回。仲裁人的规定具有法律约束力，而且必须在合理的时间内执行。仲裁的优点在于有可执行性、保密性，可以充分发挥仲裁人员的技术专长以及相对诉讼而言更低的花费。一直以来，巴黎的国际商会（international chamber of commerce，ICC）、国际仲裁审判所（international court of arbitration）、美国仲裁协会（American arbitration association，AAA）、英国的咨询调解和仲裁局（ACAS）等一些国际组织都在为企业提供仲裁服务，并且在处理行业争端、促进争端解决上取得了巨大的成功。

第五节　本章小结

一个国家的经济环境对预测已进入或即将进入该国的全球性企业的市场潜在性和成长可能性起着非常重要的作用。这样的环境包括与市场相关的各种变量：国民生产总值反映一个国家的经济水平，是最重要的宏观经济指标。人均收入是指国民生产总值按照人口数均分的值。收入分布是衡量一个国家的国民获得的收入是如何分布的指标。与宏观经济指标相关的变量：经济增长与国民生产总值和人均收入一样可以说明国民经济基本指标的增长。经济增长率可用来预测一个国家的市场规模和潜在力的变化。

全球环境的一个重要特征就是全球贸易，它受到两种力量的影响：区域性贸易联盟和确保全球贸易能够发生的贸易机制。区域性贸易联盟有欧盟、北美自由贸易协定、东南亚国家联盟、亚太经济合作组织南方共同市场；贸易机制有世界贸易组织、国际货币基金组织、世界银行集团、经济发展与合作组织。

本书从企业的视角把文化分为四种类型，即个人文化、企业文化、产业文化及社会文化四种。个人文化是以个人的文化标准为基础，个人的文化标准由个人成长过程中所受教育、人际关系及环境等要素决定。企业文化以一个企业的文化标准为基础。产业文化概括反映了产业内所有企业的企业文化。社会文化是整个社会的文化标准，同时它也意味着整个国家立场的文化。全球性企业要维持与当地企业和国民间的良好关系，理解该国文化对提高企业的业绩相当重要，社会文化变量和文化的组成因素成为了研究分析一个国家文化的概念性基础。主要社会文化变量有语言、美学、价值观和态度、宗教。此外，还需掌握马斯洛的需求层次理论的内容、进步性与局限性和霍夫斯泰德的文化维度模型的相关内容。

政治风险指的是东道国政府可以对全球性企业的活动产生否定性影响或者导致损失。这种风险会对公司开展有效经营的能力和获利能力造成负面影响，可能阻碍公司在国外的投资。政治风险的管理方法一般我们可以从投资前和投资后（风险发生）来进行管理和应对。

了解全球营销活动里经常遇见的几种法律问题：法律管辖权、知识产权、商业机密、诉讼和仲裁。法律管辖权是指企业间发生国际纠纷时适用何国法律体系并归属何国法院解决的管辖权。专利权简称专利，是发明创造人或其权利受让人对特定的发明创造在一定期限内依法享有的独占实施权。商业机密又称商业秘密，是指不为公众所知悉、能为权利人带来经济利益，具有实用性并经权利人采取保密措施的技术信息和经营信息。诉讼是企业间发生纠纷时所采用的一种解决方式。仲裁是指双方当事人在争议发生之前或者争议发生之后达成协议，自愿将争议交给第三方做出裁决，争议双方有义务执行该裁决，从而解决争议的法律制度。

思考题

1. 全球营销的经济环境中，与市场规模相关的经济变量有哪些？
2. 什么是马斯洛的需求层次理论？该理论有哪些进步性与局限性？
3. 从企业的观点来看，文化可以分为哪些类型？具体内容是什么？
4. 什么是政治风险？我们应如何管理政治风险？
5. 全球营销活动里经常遇见的法律问题有哪些？能举例说明吗？
6. 什么是诉讼？什么是仲裁？它们之间有哪些区别？

第三章

全球营销调研

❶ 全球营销调研的意义和必要性

❷ 全球营销调研资料收集

❸ 全球营销调研的过程

第一节　全球营销调研的意义和必要性

一、全球营销调研的意义

知己知彼，百战不殆。想要调整和掌控全球营销战略，第一步要做的便是进行海外市场调研。特别是比起一般的市场营销，全球营销要做的调研、环境更加复杂，因此要顾虑的因素也就更多。市场营销调研（marketing research）是指系统、客观地收集、整理和分析市场营销活动的各种资料和数据，掌握有关消费者、客户、公众、竞争者及其他环境因素的各种有用信息，用以帮助营销管理人员制订有效的市场营销策略。全球市场营销调研（global marketing research）是指企业为进行与全球营销活动有关的各种营销决策提供所需的信息资料的一种支援活动。全球营销调研负责在全球范围内收集、分析和总结信息资料，在决策前要进行充分的全球营销调研，收集制订决策时需要的各种信息资料。根据这些收集的信息，企业能够对自己如何顺利向全球化发展做出正确的决策。不仅如此，还能依据调研得来的信息资料来制订进入全球市场的计划以及营销组合等战略方案。

全球营销调研所运用的调研方法和国内营销调研方法没有太大的差别，但是在全球营销中需要注意的是各个国家的调研环境各不相同。因此相对于国内营销调研来说，全球营销调研更加复杂。也就是说，全球营销是以多种海外市场为对象而进行的，因此要考虑每个市场存在的不同环境因素。全球营销调研负责在全球范围内收集、分析和总结信息，这些信息用于新市场和新营销机会的决策。在全球营销中，调研应该提供关于市场进入决策的信息以及营销经理为赢取和保持新市场上的份额对产品、价格、渠道和促销策略做出的任何改变。全球营销调研的特征综括如下。

① 因涉及多个国家、多种语言及文化从而会导致调研设计的复杂化。

② 二手资料的准确性、可信性在资料收集的时候可能出现问题。

③ 一手资料收集时会比国内营销的费用和时间负担更重。

④ 国际调研活动进行时有可能出现需调整的问题。

⑤ 在复杂的环境条件下收集的资料在进行国家间比较时容易产生问题。

二、全球营销调研的必要性

全球性企业有时是对受不同环境因素影响的若干国家市场为对象来进行营销活动的，因此有将每个国家的政治法律、经济、社会文化和技术环境等相关因素进行调查和分析的必要。全球营销调研主要为市场营销决策提供以下信息资料。

（一）是否能够促进全球化

对产品的全球市场机遇进行评估，包括管理层对实行全球化的意志、与国外其他竞争企业相比有何竞争力、对国内市场机遇与全球市场机遇进行比较、全球市场的潜在需求和实际需求等。

（二）选择进入市场

根据对环境的分析，可以排列出存在潜在机遇和实际需求的市场的优先顺序。

（三）选择进入市场的方法

分析采用出口、专利、设立海外分店或分社、设立子公司等各种进入市场方法时会受到的各种影响因素。

（四）全球营销组合

全球营销调研提供全球化产品、价格、流通和促销等与营销决策密切相关的市场信息资料。

（五）管理全球营销活动

通过全球营销调研活动，对在多数全球市场中运行的营销活动提供计划、组织及统计等相关信息资料。

第二节 全球营销调研资料收集

一、调研资料收集的范围

对全球营销环境的分析是从收集全球性企业想要进入的国家或地区的资料开始的。有些信息可以从公司的内部资料或者出版发行的资料里找到。尤其在网络飞速发展的今天，在网上可以找到很多资料。其他的就需要企业对信息资料进行直接收集了。对于全球市场的信息收集可以分为六个大的方面。即对市场的信息、对竞争企业的信息、对外汇的信息、对当地国政府政策或制度的信息、对当地国环境的信息和对当地国资源的信息。详细情况见表3-1。

表3-1 全球市场资料收集的信息

对象	范　围
市场信息	潜在需要、消费者态度和喜好、流通渠道和机构、广告媒体
竞争企业信息	法人、事业、战略、资源、力量
外汇信息	汇率系统、国际收支、利息率、当地货币竞争力
制度信息	法律、规定、税金和股息、关于利润汇款的规定
资源信息	人力资源、生产率和工资水平、金融资源、情报资源、当地原材料供应能力
宏观环境信息	经济环境、文化环境、政治环境、技术环境、经营管理风格

第一，市场信息收集主要包括当地市场的潜在需要、消费者态度和喜好、流通渠道和流通机构、广告媒体等内容。

第二，竞争企业的信息收集包括当地有哪些竞争企业、掌握分析竞争企业的优势和劣势、竞争企业所采用的营销策略等相关内容。

第三，外汇信息收集包括汇率系统、国际收支、利息率、当地货币竞争力等相关内容。

第四，当地国的制度信息包括当地国对外国企业有哪些优惠政策及规定、税金和股息、关于利润汇款都有哪些政策及规定等有关内容。

第五，当地国的资源信息包括使用哪些人力资源、生产率和工资水平的程度、当地金融政策及使用可能性、当地原材料供应能力等相关内容。

第六，当地国的环境信息包括经济环境、文化环境、政治环境、技术环境和企业经营管理风格等有关内容。

二、一手资料和二手资料

在进行全球营销调研时，资料的收集主要包括对一手资料（primary data）和二手资料（secondary data）的收集。第一手资料是指从亲身实践或调查中直接获得的材料，而且具有高度的保密性。一手资料是指直接收集的资料。它具有费用高、耗时间的特点，收集方法有信函、电话、访问等。最常见的收集一手资料的方法便是问卷调查。通常好的问卷有三个主要特点：① 简单；② 易于回答和记录；③ 问题直接、简洁、不拐弯抹角，并能获得有用信息。第二手资料是经过转手的资料，知情人多，远不如一手资料宝贵，也不具有保密性，例如政府发行的刊物、研究报告、公司公示的资料等。二者的比较详见表3–2。

表3–2　一手资料和二手资料的比较

内容	一手资料	二手资料
收集目的	为当面解决问题	为解决其他问题
收集过程	调查者直接收集	依靠他人收集
收集费用	高	比较低
收集时间	长	短

三、调研资料收集的途径和方法

全球营销管理者们应该充分明确国内营销调查和全球营销调查的差异点，为保证全球营销策略的有效建立，应积极做好全球营销调研活动，充分收集资料，避免以点概面的事件发生。以下介绍全球营销管理者进行资料收集时的途径和方法。

（一）二手资料的收集

一般来说，调研人员先从二手资料开始收集。因为与一手资料相比，获取二手资料更加节省费用和时间。除了直接收集的资料以外，所有的发表资料、出版资料等都统称为二手资料，详见图3–1。通常，二手资料可以从如下渠道获得。

① 顾客：从个人消费者或使用者以及企业客户那里收集的信息资料。

② 竞争企业：竞争企业发行的资料和报告或者从竞争企业职员那里收集所

得的信息资料。

③ 海外公司：在海外的子公司和在海外活动的其他企业那里收集来的信息资料。

④ 独立报告：有偿向市场调研公司和经营咨询公司购买的调研报告。

⑤ 专业的研究报告：产业协会和研究机构发行的研究报告（如按照产品或者产业分类的研究报告）。

⑥ 服务业：银行、会计法人等服务业发行的资料或报告（如金融年鉴、期刊等）。

⑦ 政府机构：各政府部门发行的报告以及各种年鉴、信息部门主页提供的各种网上信息资料。

⑧ 国际组织和机构：UN、WTO、IMF等国际组织和机构发行的报告和各种年鉴。

⑨ 商工会议所和贸易协会：主要是这些机构所发行的资料、报告以及各种年鉴等。这些机构在向本国企业提供海外市场信息资料的同时也为想进入本国市场的外国企业提供相关信息。

⑩ 信息服务业：此类公司收集各种资料建立系统的数据库，在信息服务公司可以购买到相关的信息资料（此类公司的资料比一般政府机构提供的资料要贵得多，但信息资料的内容也更加丰富，准确度更高）。

⑪ 网络：通过网络检索收集资料（通过网页和电子化数据库来搜寻更有效率）。

⑫ 各种博览会和展示会：通过参加业者、采购商（买方）、主办机构、参观者等进行资料收集。

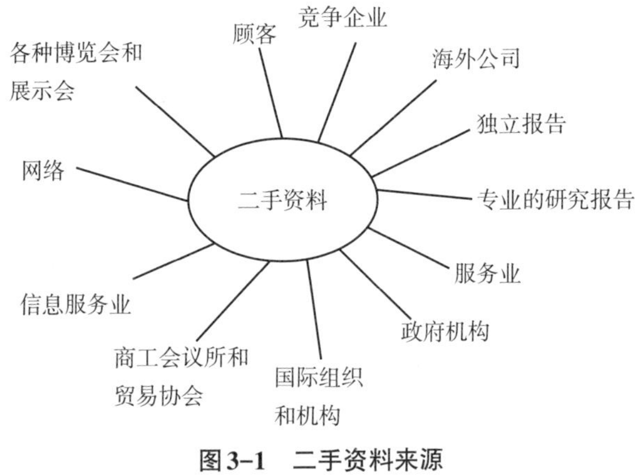

图3-1　二手资料来源

（二）一手资料的收集

一般来说，只靠二手资料就能够满足全球营销调研目标的情况并不多。换而言之，在收集到的二手资料不够充分的情况下，企业就会直接收集一手资料。一手资料是全球性企业对所需的全球营销环境的相关信息和资料进行独立收集或创建的。全球性企业一般通过问卷调研和非问卷调研来取得一手资料。

1. 问卷调研

问卷调研是指通过使用调研问卷（questionnaire）来获取所需资料的收集方法。使用这种方法进行的调研属于量化概念，要对各类别间的相关关系进行更深层次的分析。问卷调研主要用的几种方法以及比较这几种方法效率性所得结果整理如表3-3所示。

表3-3 各种资料收集方法的效率性比较

区分	面谈	电话	信件	网络调研
调研的弹性	低	较高	很高	较高
数据的质量	较高	普通	很高	较高
调研员的影响	基本没有	普通	很高	普通
数据收集速度	很慢	很快	较快	很快
应答率	普通	较高	较高	较高
调研费	较低	普通	很高	很高

2. 非问卷调研

非问卷调研顾名思义是不使用调研问卷的，主要通过观察法（observation）、口语记录（protocol）、投射技法（projective technique）以及深度访谈（indepth interview）等方法来收集所需资料，详细分析如下。

（1）观察法

观察法（也叫观察技术）是调查人员在调研现场，直接观察、记录被调查者的日常行动（行为和表情）以获取信息的一种调研方法。观察者一般利用眼睛、耳朵等感觉器官去感知观察对象。为了保证观察的科学性和有效性，也会借助现代科学仪器和设备（如照相机、电脑、录像机等）来进行辅助观察。

（2）口语记录

口语记录是调查人员在调研现场（或模拟现场）模仿被调查者的购买行为（或类似于购买行为的其他特定行为），对购买动机和购买决策自由口述，将此记录下来以获取信息的一种调研方法。

（3）投射技法

投射技法也叫投影技术或投影技法，将与购买行为类似的特定情境用图片或者文字展现给被调查者，使被调查者想象自己就在此场景中购物，从而观察、记录其反应以获取信息的一种方法。投射技法在市场调研过程中运用得很多。

（4）深度访谈

深度访谈又称深层访谈法，是为了深入了解个人或团体对某特定主题的看法而进行访谈，以此获取信息的调查形式，适合于了解复杂、抽象的问题。由于这些问题的复杂性，调查人员通过自由交谈，对调查的主题进行深入探讨，从而概括和掌握所要了解的信息。

表3–4汇总了获取一手资料和二手资料的方法。

表3–4　获取一手资料和二手资料的方法

	一手资料	二手资料	
途径和方法	–问卷调研 –非问卷调研 ● 观察法 ● 口语记录 ● 投射技法 ● 深度访谈	–顾客 –竞争企业 –海外公司 –独立报告 –专业的研究报告 –服务业	–政府机构 –国际组织和机构 –商工会议所和贸易协会 –信息服务业 –网络 –各种博览会和展示会

全球企业在进行全球营销调研时，采用何种调研方法还受到当地特定文化、社会风俗、宗教信仰及其他情境因素的制约和限制，要想进行可靠、高质量、有效率的全球营销调研，则必须要求客户和供应商（如果有供应商的话）理解和同意这一点。表3–5介绍几个国家和地区的例子。

表3–5　在部分国家和地区进行全球营销调研的差异

国家	差异
中国	调查偏好人员访谈，被访者一般是企业高管、医生或政府官员。专业人士和政府官员在参加调查之前必须受到邀请，以表示尊重
印度	消费者在个人访谈中经常愿意讨论他们的购物偏好和动机。在购物点（如商店）即时进行观察是了解印度人购物行为的一个好方法
拉丁美洲	大部分营销调研的受访者处于中上层。我们不能概括该地区使用的调研方法，因为国家之间各有不同。然而，由于人们之间的社会接触很重要，很多国家偏好个人访谈。比如在巴拿马，在家里进行人员访谈比电话访谈更便宜，因为当地的电话费用很高

表3-5（续）

国家	差异
中东	人们偏好通过个人访谈采集数据，更喜欢在室外访谈而非室内。在大多数中东国家，若有男性家庭成员在场，女性可以在家里接受访谈。焦点小组、深度访谈、友情配对访谈和其他一些定性方法被广泛使用

资料来源：伊兰·阿隆，尤金·贾菲，多娜塔·维亚内利. 全球营销［M］. 郭晓凌，龚诗阳，译. 北京：中国人民大学出版社，2016：137.

第三节　全球营销调研的过程

全球营销管理者若要科学地进行全球营销调研，最好按照以下调研过程来进行。如图3-2所示，全球营销调研的过程一共可以分为五个阶段：调研问题的定义（problem definition）、调研计划的确立（research design）、全球市场资料收集（data collection）、资料分析和解释（data analysis and interpretation）和撰写调研报告（presenting the results）。从理论的角度来看，这样的全球营销调研与国内营销调研的过程基本一致。

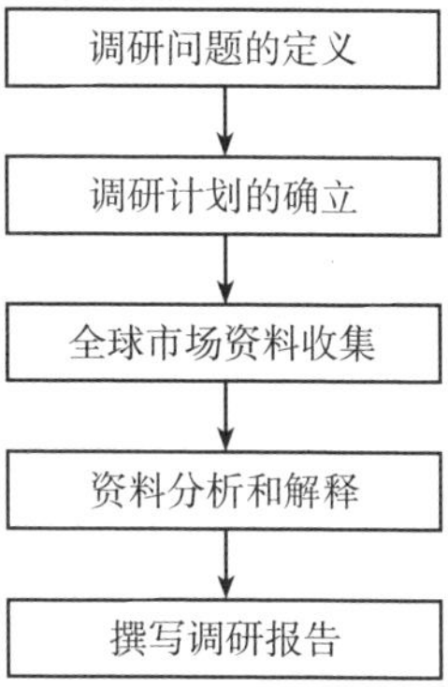

图3-2　全球营销调研的一般过程

一、调研问题的定义

全球营销调研的第一步就是调研问题的定义。首先要知道为了有效完成营销决策需要面临哪些调研问题，也就是说首先要了解与全球营销的相关问题后才能够开始具体的调研过程。调研问题的定义就是把有关全球营销需解决的问题明明白白地规定出来。由于对问题的定义会直接影响到之后调研过程所耗费的时间和费用，因此在定义之时应该非常具体和详细。为了有效地对调研问题做定义，需考虑以下几个方面。

（一）设定问题的范围

如果在定义问题的时候将范围定得太广、太大，则会浪费大量的调研时间和精力；与之相反，如果定义的范围太窄、太小，则有可能无法获取所需的调研结果。因此，在调研问题的界定时，必须切合实际，合理设定问题的范围，不宜偏大或偏小，要适实而定。

（二）决策者的职位

最高管理层与上级管理层会考虑战略方面的问题，但是中下级的管理层则主要考虑运营方面的问题。因此，在调研问题制定上，切忌权限的逾越或不履行，要保证及时有效的沟通，确保调研活动的顺利展开。

（三）文化差异

全球营销调研和国内市场营销调研相比，在空间距离、文化差距和各国不同的市场情况这几个方面存在难点。具体来说，各个国家和地区存在的文化差异会造成看问题的出发点和角度有所不同，因此总公司和驻外分公司的意见经常出现分歧。每个海外市场调研的目的和调研的含义都不同，要查找的问题点也都不一样。

二、调研计划的确立

既然已经明确了要调研的问题，也设定了调研的目的，接下来全球营销者就要制订调研计划来规划调研活动如何进行，这就是调研的计划步骤。也就是说，调研的计划是为了完成和管制调研项目而做出的具体方案。调研的计划制订时最重要的是要注意时间和费用的节省和调研效率的提高。调研的计划通过以下四个重要的活动课题来实现。

① 对规定问题进行综合研究就是对调研目的、研究问题和研究假设等的研究分析。

② 调研框架（research framework）的设置涉及制订调研方法、资料收集的步骤与方法等方面。

③ 确认预算编制和调研日程是对包含人员、时间和费用的预算编制和调研日程进行确认。

④ 调研计划的评估是以可靠性、可行性和结论的可推广性等作为标准进行评估的。

全球营销调研是以若干个国家或地区为调研对象的，因此在决定要收集的资料种类时需要格外注意。本书前面已经讲过，信息资料可以分为一手资料和二手资料。根据资料种类的不同，调研的方式也有所不同。二手资料能够在很短的时间内收集到，能比一手资料节省很多时间和费用。但从资料的准确性、恰当性以及符合时宜与否等方面来看，一手资料比二手资料更好，当然仍然存在时间和费用消耗大的缺点。此外，收集一手资料比收集二手资料要做的调研计划更加复杂。因为收集一手资料还涉及要进行调研方法、接触被调查人的方法、确定抽样方案和测量工具等。

三、全球市场资料收集

调研计划进行的下一步就是全球市场资料的收集。资料收集的过程发生耗费最多，产生的误差也最多。在前面已经讨论过二手资料和一手资料的意义和内容等，接下来主要分析一下二手资料收集和一手资料收集的问题。从全球市场的角度来看，由于二手资料是从经济发达程度不同、文化背景不同的国家和地区收集而来的，因此存在着如下一些问题。

（一）资料的可用性（availability of data）

有些国家和地区很多时候没有关于批发商和零售商的详细二手资料。此外也有很多国家根本就没有设立负责国家级别收集统计资料的政府部门和机构。信息资料如果在母国无法收集，全球性企业就要去尝试直接收集或者委托调研公司（或机构）进行收集活动（即进行一手资料的收集）。

（二）信息资料的产生时间（age of data）

全球性企业要求的资料即使能够在当地使用，资料的产生时间也有可能出现不同。也就是说，由于每个国家调研的日期和次数并不一致，可能导致资料的产生时间出现变化。

（三）资料的准确性（accuracy of data）

资料的准确性和资料的可信性紧密相关。有时有些国家会捏造统计数值，夸大统计数据，使其对自己更有利。一般来说发达国家的统计调查是经过国家预算支援和系统的过程完成的，它的结果还是值得信赖的，但是不发达国家和发展中国家由于专家及预算不足，很可能影响到统计调查的准确性。因此在解释不同国家的二手资料时，应注意到资料的可信性。

（四）资料的可比性（comparability of data）

全球性企业需要将不同国家的二手资料相互进行比较从而筛查使用。由于各个国家的资料收集方式和表达方式等有一定的不同，直接进行资料的比较会相对困难些，而像UN，IMF，WTO等国际组织和机构直接收集的二手资料就基本不存在这种问题。但是各个国家的政府机构发布的二手资料在进行国家间直接比较的时候也有一定困难。全球营销调研在收集一手资料的时候需要面对以下几个问题。

1. 不愿回应（unwillingness to respond）

不同国家在问卷调查或者进行访问时会有被调查人不愿回应的情况。特别是当地人对于某些特定的国家或外国调查人员有敌对情绪，使得问卷调查或访问无法进行。此外男性和女性在回应调查方面也有可能存在差异。比如说，在伊斯兰教文化圈里，有女性比男性更不喜欢回应的倾向。如果在调研时出现此类情况，最好还是委托当地的调查人员或者女性调查员来进行调研活动。

2. 资料的可用性（availability of data）

由于可能出现被调查人有偏见或者调查人员有偏见或人品不正直的问题，在一手资料使用时必须判断资料是否具有可用性。

3. 抽样调查（sampling in field surveys）

定好了调查方法，做好了调查问卷之后，需要选择具体的调查对象。它的选择方法有两种，一种是对包含调查对象的团体进行的全数调查法，还有一种是从其中抽选一部分单位进行调查的抽样调查法。抽样调查通用若干种抽样调查方法，从全部调查已选对象中抽选一部分进行调查。实证调查中的抽样调查问题根据全球性企业调查的国家不同，样品的代表性也有显著的差别。

4. 跨文化研究（cross-cultural studies）

全球营销活动是在具有不同文化背景的国家或地区执行的，因此在收集一手资料的时候一定要理解被调查国家之间的文化区别。调查问卷或访谈是以不同国家的被调查人为对象来进行的话，应该考虑到不同国家回答问题的差别。

5. 语言和理解（language and comprehension）

语言是明确区分国家或地区间存在差异的最具代表性的文化变量之一。因为全球营销调查人员需要对不同国家做问卷调查或访谈，因此会出现口头翻译、文字翻译、沟通等问题，不仅如此，还会产生与此有关的附加费用。此外，与全球营销的调整或管制相关的问题一般都包含在总公司负责的战略性决策范围里面，所以中央集权性的调查基本来说是比较有效率的。但如果预测到调研结果会对子公司的战略有影响，就有让子公司直接参与调研的必要了。否则，在市场调研中就无法期待能得到该子公司的协助了，而且最后的调研结果在子公司运用时也有可能招致不满。因此，虽然全球营销调研基本是以中央集权形式进行计划和执行，也要把子公司的意见反映到调研中去。

四、资料分析和解释

资料分析和解释这一阶段应该先将收集所得信息资料按照调研目的进行分析，之后再对分析后的调研结果进行解释。信息资料的分析是通过对收集的资料进行编辑、编号和统计分析等过程来实现的。具体内容如下。

（一）编辑（editing）

根据调研设计的目的进行分析的话，首先要对资料进行更正、补充、删减，这是确保资料具有完整性和一致性的工作。如由于社会习惯或者单词含义理解等差别所造成的资料原意遭到歪曲的偏见，就应该进行修改。

（二）编号（coding）

把调研所得内容进行编号，是使资料分析更容易进行的加工步骤。这个过程现在一般都使用电脑来操作，将资料按照编号输入电脑，根据分析所需的样式制作数据库。

（三）统计分析（statistical analysis）

统计分析是指使用在调研设计的步骤中制订的统计方法分析信息资料得出结果的行为。对收集的资料进行分析之后，是对分析结果进行解释的过程。常见的统计分析软件有SPSS，SAS等。

全球营销调研者依据调研结果进行有效的（有意义的）解释。在此之前，应先对调研国家或地区的环境等因素进行了解。也就是说，应该注意不同的分析者对同一个分析结果可能会有不同的解释。所以应该选择不只精通调研知识，对调研对象也非常了解，并且才思敏捷的人来担当分析结果的解释负责人。

五、撰写调研报告

调研结果报告是指调研员将调研结果最终整理交付全球营销管理者，以帮助其做出决策。调研结果报告要将收集的资料整理分析得客观公正、简洁明了，方便决策者做出客观判断。并且保证调研结果的正确性和逻辑性。调研结果报告从形式上可以分为书面报告和口头报告两种。

（一）书面报告（written report）

书面报告是向比调研员职位高的决策者递交的文件形式，由封面、目录、概要和正文等部分组成。书面报告一般比较正式，有规定的格式或要求。书面报告要详细阐述事件的起因、经过、结果，但不宜烦琐，篇幅不宜过长，文字要简洁精练、突出重点。

（二）口头报告（oral report）

人们倾向于在看书面报告的同时听取口头报告。在调研员中间选定一名发表人员向决策者做情况简介（briefing）或演讲（presentation）。口头报告一定要注意报告的时间、地点，在报告时要简明扼要、层次分明、重点突出，切忌滔滔不绝、主题层次不清。

第四节　本章小结

全球市场营销调研是指企业为进行与全球营销活动有关的各种营销决策提供所需的信息资料的一种支援活动。全球营销调研负责在全球范围内收集、分析和总结信息资料，在决策前要进行充分的全球营销调研，收集决策时需要的各种信息资料，根据这些收集的信息，企业能够对自己如何顺利向全球化发展做出正确的决策，不仅如此，还能依据调研得来的信息资料来制订进入全球市场的计划以及营销组合等战略方案。

对于全球市场的信息收集可以分为六个大的方面。即对市场的信息、对竞争企业的信息、对外汇的信息、对当地国政府政策或制度的信息、对当地国环境的信息和对当地国资源的信息。在进行全球营销调研时，资料的收集主要包括对一手资料和二手资料的收集。一手资料就是指从亲身实践或调查中直接获得的材料。而且具有高度的保密性。它具有费用高、耗时间的特点，收集方法有邮政、电话、访问等。全球性企业一般通过问卷调研和非问卷调研来取得一手资料。除了直接收集的资料以外，所有的发表资料、出版资料等都统称为二手资料。常用的收集二手资料的途径有顾客、竞争企业、海外公司、独立报告、服务业、国际组织和机构、网络、各种博览会和展示会、信息服务业等。

全球营销调研的过程一共可以分为五个阶段：调研问题的定义、调研计划的确立、全球市场资料收集、资料分析和解释、撰写调研报告。首先要知道为了有效完成营销决策需要面临哪些调研问题。接下来全球营销者就要制订调研计划来规划调研活动如何进行。调研的计划制订时最重要的是要注意时间和费用的节省和调研效率的提高。下一步就是全球市场资料的收集，资料收集的过程是发生耗费最多的，产生的误差也最多。然后是资料的分析与解释阶段，此阶段应该先将收集所得信息资料按照调研目的进行分析，之后再对分析后的调研结果进行解释。最后就是撰写调研报告。调研结果报告要将收集的资料整理分析得客观公正、简洁明了，方便决策者做出客观判断，并且保证调研结果的正确性和逻辑性。

思考题

1. 全球企业为什么要进行全球调研活动？你能说出它的必要性吗？
2. 你知道可以通过哪些渠道来收集二手资料吗？请举例说明。
3. 全球营销调研要经过哪些过程？请画图加以说明。
4. 全球营销调研在收集一手资料时要注意哪些问题？你能列举出几种收集一手资料的方法？

第四章

全球营销计划与战略

❶ 全球营销计划及战略规划

❷ 全球市场细分

❸ 全球目标市场选择

❹ 全球市场定位

❺ 海外市场进入战略

第一节 全球营销计划及战略规划

一、全球营销计划

名词意义的计划是对未来行动方案的一种说明，它告诉管理者和执行者未来的目标是什么，要采取什么样的活动来达到目标，要在什么时间范围内、按照什么进度达到这种目标以及由谁来进行这种活动。其内容可归纳为“5W1H”，即做什么（What）、为什么做（Why）、何时做（When）、在哪里做（Where）、谁来做（Who）和怎么做（How）[①]。管理者进行计划的主要原因是通过制订正确的计划，可以为管理者提供指导，也可以为公司员工提供方向，告知员工公司的目标是什么，为了实现工作目标他们应该如何开展工作。而且通过计划，管理者还可以预测变化、展望未来、考虑变化的影响和制订妥善的应对措施，降低不确定性。此外，计划还可以减少浪费和冗余。任何组织或个人制订计划都是为了未来能够有效地达到某种目标，因此我们说计划具有目的性。计划还有一个明显的特征就是具有普遍性。企业的任何管理活动都需要进行计划，大到高层管理者所制订的战略计划，小到企业员工的个人计划，企业的各个层次、部门都需要进行计划。此外，我们说计划还具有经济性。经济性是用制订计划与执行计划时所有的产出与所有的投入之比来衡量的。这个比例高，计划的经济性就好；比例低，计划的经济性就不好。全球企业在进入海外市场时，也同样需要制订战略计划。全球营销计划是对全球企业与全球市场有直接关系的各项经营活动加以规划和安排，充分地利用企业的资源，开展企业全球营销活动，以实现企业的全球化目标过程。全球企业通过制订全球营销计划可以减少浪费、提高企业收益，还可以为管理者提供指挥的依据和标准。

二、营销战略规划

（一）营销战略规划的概念

营销战略规划是指公司总体战略设计和制订与营销目标及瞬息万变的营销

① 熊勇清. 管理学原理、方法与案例［M］. 上海：复旦大学出版社，2013：119.

环境相关的营销活动。一般而言，营销战略规划是书面材料，用以指导营销管理者进行市场营销活动，贯穿营销环境分析、市场细分、目标细分市场选择及产品市场定位等所有环节，并涵盖了产品种类、分销渠道、营销交流和产品定价等多方面的内容。企业在制订营销战略规划时要根据公司存在的价值和公司的使命去选择具有竞争优势的市场，围绕价值主张规划自己的营销活动。众所周知，麦当劳在我国的快餐市场中占有很大的份额，成功地进入了中国市场并占有相当稳固的位置。表4–1列举了麦当劳在中国市场所采取的营销策略。

表4–1　麦当劳在中国的营销策略

营销策略	内容
产品策略	麦当劳在全世界采取统一标准，无论是哪家餐厅，麦当劳都努力向顾客提供标准化的、稳定的、高质量的产品
价格策略	相比于肯德基等竞争对手，麦当劳采取了相对低价的销售手段，如6元起的天天超值早餐
促销策略	加强电视广告的宣传力度，且广告中注重引入中国元素；将青年群体定位为主要目标消费者，并在微博、微信等多种网络平台上推出优惠活动
渠道策略	在选择分店地址时，经过周密测算，尽量选择客流量大和交通便利的区域；通过特许连锁经营的方式扩展新店，并对加盟店开业提出严格要求
人员策略	拥有一整套完备的员工培训体系，在全球设立7所汉堡包大学，为公司培养了许多杰出的精英管理人才。即使是寒暑假临时打工的大学生也要经过严格培训才能上岗
过程策略	由优秀的管理团队制订优秀的服务开发程序，从而为顾客提供好的服务
有形展示	麦当劳根据不同细分市场和顾客接触程度设计服务场景，如在餐厅内设立“情人角”“儿童乐园”等专门区域，让店员充当“麦当劳叔叔”

资料来源：王永贵. 市场营销［M］. 北京：中国人民大学出版社，2019：71.

（二）营销战略规划的特征

营销战略规划具有全局性，虽不如营销战术细致，但具有一定的可实施性和可操作性。有效的营销战略规划表现出持续关注、不断创新和管理层承诺等基本特征[①]。

1. 持续关注

营销战略规划不是一年一度的活动，应是持续的过程，管理者需要关注从营销战略规划的形成、实施到下一个战略规划形成的整个过程。在此期间，企

① 王永贵. 市场营销［M］. 北京：中国人民大学出版社，2019.

业所处的外部环境不断变化，企业的资源及能力不断拓展，管理者需要保持动态意识，根据外界变化对营销战略规划做出适当调整。

2. 不断创新

营销战略规划不是一成不变的。从长期来看，它需要根据外在环境的变化做出调整。管理者应当仔细分析企业的内外部环境，对既有的营销战略规划做出适当调整。例如：当小轿车需要频繁的、更精良的服务时，一些大型石油公司仍然坚持全面服务的理念，进一步拓展了加油站服务战略。与此形成对照的是，一些独立经营者快速顺应这一新形势，迅速做出反应，避开与大型石油公司的正面竞争，转而从事低成本、自助式、便利店式的汽车服务业务，成效显著。

3. 管理层承诺

高层管理人员的支持和参与是制订有效营销战略规划最为关键的因素。以小米为例，可以说小米手机取得的成绩离不开小米创始人、董事长雷军的支持和参与。雷军提出“专注、极致、口碑、快”七字诀，开辟了小米手机网络营销的创新模式。

第二节　全球市场细分

在今天的营销策略与实践中，市场细分、选择目标市场和市场定位是全球营销管理者进行营销活动时经常使用的强有力的三种方式。市场细分是根据顾客相同或相似的行为方式或需求将市场细分为顾客的不同子集。每个子集通过使用不同营销策略达到不同市场目标而被仔细筛选出来。定位是在顾客心中建立位置，定位决定了产品或公司在顾客心目中的地位。全球企业在进入海外市场之前全球营销管理者们首先要做的是对海外市场进行环境分析。当今世界由200多个国家所构成，各国均有自己的独特特性，当然也有相似的特性。STP（segmentation，targeting，positioning）即市场细分、目标市场选择、市场定位三点是营销战略的基本框架。STP战略的第一阶段即是市场细分，通过市场细分明确目标市场和客户，设定战略方向及确立在市场所处位置的市场定位，然后为实现设定的市场定位制订营销组合战略。简单地讲，STP战略使营销人员得以确定其产品或服务可以传递给特定类型顾客的价值（市场细分），了解如何到达这些客户（选择目标市场），并以吸引人的方式将所具有的价值告诉他们（市场定位）。全球市场的竞争更激烈，价格压力更大，并更需要文化适应，但营销人员所面临的挑战远不只这些，制订正确的STP战略对营销活动的成功至关重要。

一、全球市场细分的概念

全球性企业在销售产品或服务时所要做的最重要的事情之一就是把握潜在的消费者。全球性企业要进入的国家或地区的市场是由具有不同需求的消费者组成的集合。市场细分和企业所展开的营销组合策略都是把顾客群划分出来。市场细分（market segmentation）是指依据消费者的需要和欲望等方面的差异，把市场划分为若干消费者群的市场分类过程。每一个细分市场都是由具有类似需求倾向的消费者构成的群体。全球市场细分（global market segmentation）的概念与市场细分的概念类似，指将全球市场依据一定标准分类归纳成几个具有同一性的消费者群或消费者群体。在任何市场，正确地进行市场细分都不是一个容易、快速的过程。在全球市场、子市场，特别是发展中国家的子市场，可能随着社会、政治或经济的变化而变化，这使得识别正确的子市场更为困难。尽管在市场细分的分析和实施中面临许多固有挑战，但如果做得好，市场细分可以给公司带来巨大的竞争优势。每个细分市场必须是：① 可衡量的；② 足够不同，确实需要不同的营销组合；③ 可以通过营销和分销渠道到达；④ 规模大，足以盈利；⑤ 足够稳定，可以作为目标市场并且市场反应可以衡量。

二、全球市场细分的必要性

全球市场细分是营销组合战略有效实施的前提条件。归纳说来，在以下几个方面可以体会到全球市场细分的必要性。

（一）满足全球顾客需求

全球性企业通过市场细分可以实行符合各个细分市场环境或状况的营销组合，所以能够更好地满足顾客的需求。全球市场细分是将整个世界市场里具有相似欲求和购买行动的消费者划分出来，然后针对不同的细分市场展开相对应的营销组合策略。虽然我们出生于不同的国家，说着不同的语言，甚至具有不同的肤色，但我们对产品和服务的需求却有着相似之处。通过市场细分，把具有相似需求的消费者划分为不同的群体，既方便满足全球消费者的需求，又便于全球企业开展全球营销活动和策略。

（二）目标市场的选择和市场定位战略的实施

全球性企业通过市场细分，不但可以选择成功可能性高的目标市场，而且能够在市场里实施市场定位战略，确定产品在市场中的位置。全球市场细分是全球目标市场选择和市场定位的前提条件，通过市场细分把消费者划分为不同的群体，企业针对不同的消费者群体分析和筛选可能为企业带来高利润的细分市场进入，从而确定为目标市场，进而展开营销组合策略，既减少了浪费，又避免了风险损失。

（三）有效分配营销资源

全球性企业所拥有的营销资源是有限的，因此企业不可能将全世界的所有市场都选定为目标市场。故而全球性企业通过市场细分，不但能够掌握各个细分市场的特性，从中选择最合适的目标市场，而且能够在每个目标市场制订合理的市场营销组合战略。

三、全球市场细分的前提条件

为了使市场细分能够有效地施行，需考虑以下几个条件。

（一）需有可测度性（measurability）

各个细分市场的规模和购买力必须能够用计量方法测量得出来。如果无法准确测量，想要制订进入此市场的营销计划就非常困难了。性别或者年龄因素就非常符合可测度这个条件。

（二）需有可接近性（accessibility）

一般来说，企业会通过施行营销组合程序（如促销和流通）来接近细分市场。如果在某特定细分市场无法促销和流通，或者企业的促销和流通受到了制约，就能判断该市场的可接近性非常低。再者如果某特定细分市场存在贸易壁垒，接近此市场也可能出现一定难度。

（三）需有实质性（substantiality）

所谓实质性是指细分后的市场单位要有足够让单个营销计划实施的空间或收益性。也就是说，细分市场要具有能够产生收益充分大的市场规模。

（四）需有安定性（stability）

在细分市场内能保持同一性、细分市场之间保持异质性，细分市场的安定性才能提高。而且各细分市场的特性在一定期间内应具有一定的一贯性。

（五）需有可实施性（actionability）

各细分市场实施营销组合战略的可能性越高，企业的全球性收益目标达成的可能性也就越高。前面讲到的可接近性只局限于促销及流通活动两个前提条件，可实施性则与产品、价格、流通和促销活动等相关前提条件有关。

四、全球市场细分的优缺点

（一）全球市场细分的优点

首先，由于事先对消费者进行了彻底的分析，得以能够在更合适的位置进行营销活动。同时能够全面掌握竞争产品在各个细分市场的顾客满意度，得到新的市场机遇。再则，对于销售方来说，能够在各细分市场制订符合其购买者需求的营销计划，可以更有效地满足购买者的需求。除此之外，销售者依据特定细分市场的反应将个别的营销计划列入预算，可以进行更有效的资金分配。

（二）全球市场细分的局限（缺点）

第一，市场细分化没有绝对的标准，因此在实际运用时存在一定难度。

第二，对细分后的各部分市场使用各自不同的战略需要耗费大量时间和费用。

第三，会担心细分后的市场随时出现变动。

第四，因为不能大规模生产，所以成本相对比较高。

五、全球市场细分的方法和标准

全球企业在进入海外市场时，经常使用的全球市场细分标准有以下几方面。

（一）地理细分

地理细分（geographic segmentation）将世界按照地理方式分成若干子集。全球性企业按照地理标准来细分的最重要理由是以地理上的邻近性为基准对全球营销活动进行管理比较容易，既交通便利，又通信畅通。地理细分的主要变量有地区、人口密度及气候等。这些变量和全球营销活动有关的提示如下所示。

① 地区。对全球营销组织（如按照地区设立的营销组织）和地区营销组合的差别化产生影响。

② 人口密度。对人口密度高的城市地区和人口密度低的农村地区实行的产品战略也不同。除此之外，对具有不同人口密度的国家也要实行不同的产品战略和流通战略。

③ 气候。根据对不同国家和不同地区的气候条件差异实行不同的产品差别、流通情况及与后方活动有关的库存和仓库管理。

（二）人口细分

人口细分（demographic segmentation）是基于人口的统计特征（如年龄、性别、收入、受教育程度、家庭构成、职业等因素）将人口分成不同的子集。此方法对消费商品市场细分的使用比对工业商品更具效果。人口细分变量和全球营销活动有关，一般包括以下几个方面。

① 年龄。在开发和年龄有关的产品和进行促销活动时尤为重要（如幼儿用品和老年用品的差别）。

② 性别。对服装、化妆品等有男女之别的产品进行开发和促销活动时，性别就显得尤为重要。

③ 家族构成。家庭构成的规模会影响产品包装的大小（如大家庭用大容量包装，小家庭用小容量包装）。

④ 收入。收入的不同，决定了产品的定价和购买力的差别。

⑤ 职业。消费者的职业和产品的销售也有很大关联，全球营销管理者应促进对与职业有关产品的开发和促销。

⑥ 学历。学历的高低对企业使用促销手段方式也有所不同。促销的差别化（如在文盲率高的国家，比起魅力成果诉求可能性低的报纸广告来说选择广播广告反而效果会更好）。

⑦ 宗教。由于各国所信奉的宗教不同，有宗教信仰的国家会影响产品差别化（如不同宗教应该用不同的食材和添加物）。

⑧ 种族。多民族国家或者移民人数比较多的国家，应该考虑不同种族对产品选择的差别。

（三）心理细分

心理细分（psychographic segmentation）是根据人们的社会阶层、生活方式、价值观及个性等进行的分组。从全球营销的角度来看心理细分变量所包含的具体内容可以从以下几个方面入手。

① 社会阶层。相对来说属于同一社会阶层各不相同的全球消费者们往往具有相同性质的购买倾向，对商品选择和价格差别会产生影响。

② 生活方式。全球消费者具有的独特生活形式（如态度和价值观等）对产品和促销战略会产生很大的影响。

③ 个性。全球消费者所具有的独立的、个别的特性（如兴趣、态度和思考方式等）对普通的产品差别化有影响。

（四）行动细分

行动细分（或行为细分）（behavior segmentation）主要关注人们是否购买或使用某种产品及他们的使用频率、使用量、对此品牌的忠诚度等有关内容。与全球营销活动有关的行为变量可以从以下几方面来理解：

① 购买使用时期。可决定产品生产数量和促销时间。

② 所求利益。对商品差别化和促销差别化有影响。

③ 使用经验。决定促销差别化（如对具有不同使用经验的消费者制作不同的广告）。

④ 使用量。决定产品生产数量和具体的包装规格。

⑤ 对品牌的忠诚度。品牌忠诚度和树立品牌战略与促销战略有很大关系。消费者对品牌的忠诚度越高，就越忠实于购买和使用该品牌，不仅可以提高产品的购买力、销售额，还可以利用口传等促销方式拉引新的消费者，从而为企业带来更多的收益。

⑥ 购买准备阶段。对销售的产品、促销战略的制订和实行有影响。

由于全球市场的多变性和复杂性，所采用的细分标准也并不是一成不变的。全球营销管理者在进行全球营销活动时，根据具体国家的实际情况选择合适的市场细分标准。大多数情况下，不是只采用一种标准，而是多种标准混合使用，这样市场细分的效果更佳。表 4-1 罗列了全球市场细分的各个标准。

表 4-2 全球市场细分各标准变量一览表

标准	变量	分类方法（例）
地理细分标准	地区	亚洲、欧洲、北美、南美等
	人口密度	都市、郊外、农村
	气候	热带、温带、寒带
人口细分标准	年龄	幼龄、少年、青年、壮年、中年、老年
	性别	男性、女性
	收入	低等收入、中等收入、高等收入
	学历	无学历、小学毕业、初中毕业、高中毕业、大学毕业、研究生毕业
	种族	白种人、黑种人、黄种人等
心理细分标准	社会阶层	上层、中上层、中层、中下层、下层
	生活方式	保守型、进步型、成就型、合理型等
	个性	强硬型、社交型、权威型、雄心型等
行为细分标准	追求的利益	功能、质量、经济性、设计、服务等
	使用经验	未使用者、最初使用者、潜在使用者、现有使用者
	使用量	少量、普通、大量

资料来源：조나，장평，형정. 글로벌마케팅［M］.한국：호남대학교출판부，2012：113.

第三节　全球目标市场选择

一、全球目标市场选择的意义

目标市场选择是指充分考虑各个细分市场的顾客因素、竞争者因素、适合公司与否等因素选择值得进入的专业化市场。全球营销管理者首先对每个细分市场进行评价，然后选出值得进入的目标市场。也就是说，不用进入所有的细分市场，只要进入选择好的细分市场就可以。

二、全球目标市场的营销战略

目标市场的选择可以根据细分化的程度分为无差异性营销（undifferentiated

marketing）、差异化营销（differentiated marketing）、集中性营销（concentrated marketing）、定制营销（customized marketing）四种战略。图4-1体现了全球目标市场营销战略的四种类型。

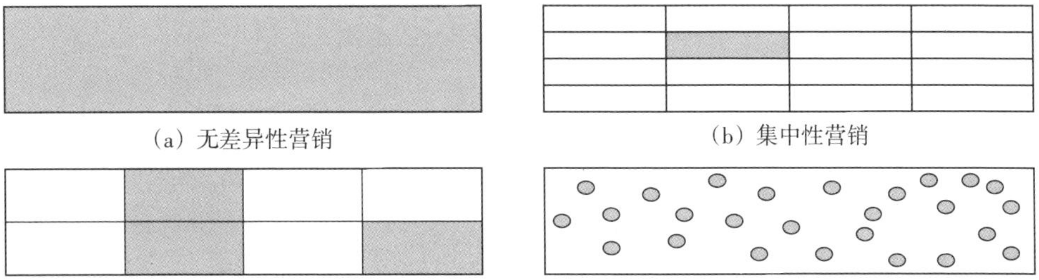

（a）无差异性营销　（b）集中性营销　（c）差异化营销　（d）定制营销

图4-1　全球目标市场营销战略的类型

资料来源：박주홍. 글로벌마케팅［M］.한국：박영사，2010.

（一）无差异性营销

无差异性营销也称大众营销或标准化营销。无差异性营销战略是指全球性企业忽略各个细分市场之间的差别、不考虑单一细分市场的特殊性，在所有市场里使用同样的营销4P组合策略。也就是说，不管世界各地的消费者具有哪些特性和行为方式，全球企业在整个全球市场实行统一的策略，各个细分市场的顾客将接收相同的产品或服务。对于刚起步的企业来说，无差异性营销策略是首选策略。

优点：通过使用标准化的营销组合策略能够大幅缩减费用支出，生产成本、管理费用、销售费用相对较低。

缺点：不能满足不同国家和地区顾客的多样化需求。

（二）差异化营销

差异化营销战略是指全球性企业制订不同的营销4P组合战略，选择多个细分市场进行营销活动。差异化营销的目的在于针对每个细分市场特性选择针对性的营销组合策略。这种战略充分考虑了各个细分市场的需求差异性，能很好有效地满足各个细分市场的不同需求，树立企业良好形象，有利于提高顾客忠诚度。

优点：比起无差异性营销战略，能够获得更多的销售额，确保能够拥有更高的市场占有率。

缺点：为了开发差异化营销组合，需要支付大量费用。

（三）集中性营销

集中性营销战略是指全球性企业开发了营销4P组合战略以后，企业不是面向整体市场，也不是把力量分散使用于若干个细分市场，而只集中选择在一个细分市场里实施营销战略。这种战略有利于集中使用企业现有资源，实现规模经济效果。

优点：对于目标细分市场有着充分的了解，因此在此市场里能够占有较高的市场占有率。

缺点：因为只集中在一个细分市场里，所以如果战略失败，所造成的损失风险会加重。

（四）定制营销

定制营销战略是指分别对单一顾客或消费者定制营销组合战略实行全球营销活动。定制营销是随着网络的发展和时代的进步而出现的一种新型营销方式。它需要针对特定的顾客或特殊消费者进行更专业、更深入的市场细分，开展更专业的营销组合策略。

优点：能够很好地满足全球顾客的个别需求。

缺点：为了满足个别顾客的多样化需求，需要投入大量费用。

第四节　全球市场定位

一、全球市场定位的意义

全球市场定位（global positioning）是指在全球客户或消费者心目中树立产品或服务的鲜明、独特的品牌形象。也就是说，全球市场定位是指全球性企业塑造出与竞争企业不同的个性和形象，并把它传递给目标市场的顾客，意味着选定该企业的战略地位。为了开发成功的市场定位战略，全球性企业需要考虑到以下几个方面。

① 不同国家和地区的社会文化环境差异。

② 产品或者服务的使用用途不同。

③ 企业拥有的人力物力营销资源。

二、全球市场定位战略

全球营销管理者们进行了海外市场细分和选择目标市场之后，便开始进入市场定位阶段。他们在进行全球市场定位的时候可以运用以下两种战略手段。第一，能够体现各个市场之间的需求差异，开发分别符合各个市场状况的市场定位，即个别市场定位战略。在每个市场都应用不同的产品市场定位，这种接近方式在按照国家（或者是地区）来细分市场情况下应用得比较频繁。第二，在所有市场实行统一市场定位的共同市场地位战略。奢侈品就是以各国的高收入群体作为共同的目标市场，作为可以彰显身份的高级产品成功在市场上得以定位。随着消费者的全球化程度加深，这种接近方式的重要性也日益明显。

第五节　海外市场进入战略

一、出口

出口是全球企业进入海外市场时所使用得最常见、最普通的一种方法。出口（export）指企业将母国生产或加工的产品及服务输往国外市场销售，可分为间接出口和直接出口。间接出口（indirect export）是指企业生产的产品通过国内的出口代理商向海外销售；与其相反，直接出口（direct export）是指企业不通过国内出口代理机构，直接将产品销往国外市场。企业选择以出口的方式进入海外市场，可以降低企业的运营风险，也方便企业进行市场预测。

二、许可证经营

许可证经营（licensing）或许可经营是一种合同关系，许可方提供技术、专有技术、专利或者一个成功的品牌给另一家公司（被许可方），从而换取专利使用费、许可费或者其他形式的补偿。许可证经营是一种具有很大吸引力的进入全球市场的有效方式。被许可的资产可能是品牌名称、专利、技术、产品配方、商业秘密等。许可证经营的最大优点就是公司通过和许可方签订协议便会获得所需的核心竞争力（专利、技术、产品配方等），不需要付出资本成本和市场成本，但需要支付相对应的许可费用，并对许可技术所获得的销售收入按照协商的百分比持续交纳专利税。

三、特许经营

特许经营（franchising）是许可证贸易的变形形式。我国商务部2004年第25号颁布的《商业特许经营管理办法》第二条中定义“特许经营是指通过签订合同，特许人将有权授予他人使用的商标、商号、经营模式等经营资源，授予被特许人使用，被特许人按照合同约定在统一经营体系下从事经营活动，并向特许人支付特许经营费。”特许经营大多是制造企业和零售企业所经常使用的一种进入海外市场的形式。如麦当劳、肯德基、星巴克等使用的便是特许经营的形式，在众多国家占领了独特的市场份额。

四、合资企业

合资企业（joint ventures）是一种进入单一国家市场的模式，即由合伙人共享新建企业实体的所有权。一般指两个或两个以上公司共享第三个商务实体的所有权，合作生产产品或服务。郭晓凌和龚诗阳（2016年）在《全球营销》一书中提到，合资企业可以采取多种不同形式。

①来自同一国家的两个或两个以上公司形成联盟进入另一个国家。

②一家海外公司与一家当地公司联合进入该国市场。

③来自两个或两个以上国家的公司在第三国以合资企业形式组合在一起。

④一家国外私人公司和政府同意为追求共同利益结合起来。

⑤一家国外私人公司与一家国有企业建立合资企业进入第三国市场。

无论采取何种形式，在合资企业中，合作伙伴按照协议分享利润、风险和控制权。在全球市场中，合资企业有成功也有失败，为了保持企业的正常运营发展，需要双方倾注于积极的热情和精力，减少纠纷的发生，推行共赢战略。

五、产品外包

产品外包指产品的公司和国家来源。很少有公司自己生产其产品的所有组件，越来越多的公司甚至不生产其产品中的任何一个组件。例如，我们熟知和喜欢的耐克，它的总部设在美国，但它从不在美国生产运动鞋，耐克运动鞋都是在其他国家生产的（中国、印度、越南等）。再如著名的现代汽车，它的汽车组件并不都在韩国生产，虽然现代汽车在韩国的蔚山、全州、牙山设有汽车工厂，但是大部分的汽车组件、配件、备品等是在海外工厂（中国、印度、马来西亚、菲律宾等）生产的，在韩国工厂组装而已。对于外包产品，控制产品的质量是相当重要的。

第六节　本章小结

全球营销计划是对全球企业与全球市场有直接关系的各项经营活动加以规划和安排，充分地利用企业的资源，开展企业全球营销活动，以实现企业的全球化目标过程。全球企业通过制订全球营销计划可以减少浪费、提高企业收益，还可以为管理者提供指挥的依据和标准。营销战略规划是指公司总体战略设计和制订与营销目标以及瞬息万变的营销环境相关的营销活动。一般而言，营销战略规划是书面材料，用以指导营销管理者进行市场营销活动，贯穿营销环境分析、市场细分、目标细分市场选择以及产品市场定位等所有环节，并涵盖了产品种类、分销渠道、营销交流和产品定价等多方面的内容。企业在制订营销战略规划时，要根据公司存在的价值和公司的使命去选择具有竞争优势的市场，围绕价值主张规划自己的营销活动。

在今天的营销策略与实践中，市场细分、选择目标市场和市场定位是全球营销活动强有力的三种方式。STP战略的第一阶段即是市场细分，通过市场细分明确目标市场和客户，设定战略方向以及确立在市场所处位置的市场定位，然后为实现设定的市场定位制订营销组合战略。简单地讲，STP战略使营销人员得以确定其产品或服务可以传递给特定类型顾客的价值（市场细分），了解如何到达这些客户（选择目标市场），并以吸引人的方式将所说的价值告诉他们（市场定位）。

全球市场细分的概念和它是一致的，即指将全球市场依据一定标准分类归纳成几个具有同一性的消费者群或消费者群体。对于全球市场细分的必要性有三个方面：① 满足全球顾客需求；② 目标市场的选择和市场定位战略的实施；③ 有效分配营销资源。此外全球市场细分还需要具有可测度性、可接近性、实质性、安定性及可实施性5个方面的前提条件。

全球企业在进入海外市场时，经常使用的全球市场细分标准有地理细分、人口细分、心理细分、行为细分。地理细分的主要变量有地区、人口密度及气候等。人口细分是基于人口的统计特征，如年龄、性别、收入、受教育程度、家庭构成、职业等因素分成不同的子集。心理细分是根据人们的社会阶层、生活方式、价值观及个性等进行的分组。行动细分（或行为细分）主要关注人们是否购买或使用某种产品以及他们的使用频率、使用量、对此品牌的忠诚度等有关内容。

目标市场选择是指充分考虑各个细分市场的顾客因素、竞争者因素、适合公司与否等因素，选择值得进入的专业化市场。全球营销管理者首先对每个细分市场进行评价，然后选出值得进入的目标市场。目标市场的选择可以根据细分化的程度分为无差异性营销、差异化营销、集中性营销、定制营销四种战略。

全球市场定位是指在全球客户或消费者心目中树立产品或服务的鲜明、独特的品牌形象。也就是说，全球市场定位是指全球性企业塑造出与竞争企业不同的个性和形象，并把它传递给目标市场的顾客。全球营销管理者们在进行全球市场定位的时候可以运用以下两种战略手段。第一，能够体现各个市场之间的需求差异，开发分别符合各个市场状况的市场定位，即个别市场定位战略。第二，在所有市场实行统一市场定位的共同市场地位战略。海外市场进入战略主要有出口、许可证经营、特许经营、合资企业及产品外包。

思考题

1. 什么是全球市场细分？为什么要进行全球市场细分？
2. 简述全球市场细分的优缺点。
3. 全球目标市场的营销战略有哪些？请详细说明各战略类型的内容。
4. 什么是全球市场定位？在进行全球市场定位时可以运用哪些战略手段？
5. 你知道全球企业进入海外市场都有哪些形式吗？请举例说明。

第五章

全球营销组合策略——产品策略

❶ 全球产品的概念和类别

❷ 全球产品生命周期

❸ 全球新产品开发策略

❹ 全球品牌策略

第一节　全球产品的概念和类别

一、产品的概念

对于全球企业来说，既要满足消费者在全球市场里各种各样的需求，同时为了达成企业的目标又要积极地进行产品的研究、开发、设计、管理，这是非常重要的事情。企业的性质基本取决于企业提供的产品或服务的种类。对于企业来说，提供给消费者并起决定性作用的就是产品。因为给消费者提供自己所期望的产品及给消费者提供自身所满意的产品不仅能在市场上占据有利的地位，而且也能提高企业的销售额和利润。由此可见，产品作为为了达成全球营销目的而投入的资源和努力的核心来说，应是全球营销策略中最优先考虑的要素之一。具体来说，划分产品的概念有两种方法，一是狭义的定义法，另一种是广义的定义法。狭义的概念是指产品是给购买者提供货物的机能和物理的实体。广义的概念不仅是指产品是被销售的机能的和物理的实体，而且还包括包装、商标、送货服务，及至购物卡的方便性、购物氛围的舒适等产品本身及所附带的全部。我国学者王永贵（2019年）在其著作《市场营销》一书中，提出“产品是指能够向市场提供的旨在引起注意、购买、使用或消费的任何东西，是包括产品质量、产品的物理特征、价格、品牌、包装等在内的一系列有形属性和无形属性的集合”。关于产品属性的内容如图5-1所示。

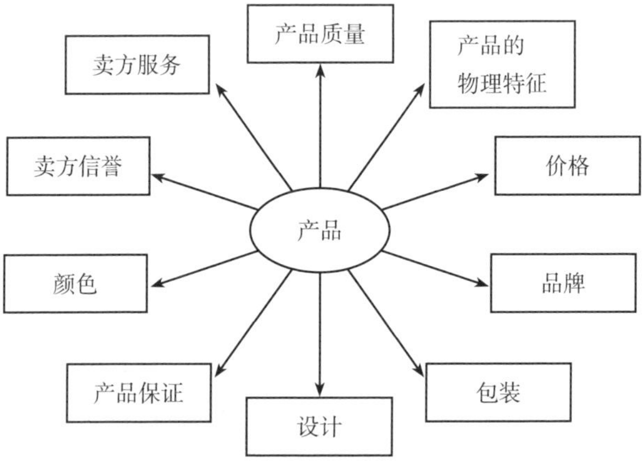

图5-1　产品的基本属性

资料来源：王永贵. 市场营销［M］. 北京：中国人民大学出版社，2019：209.

一般来说，产品根据满足消费者需求的程度可分为核心产品（core product）、有形产品（tangible product）和附加产品（augmented product）三个层次（见图5-2）。核心产品指的是产品所提供的自身效用，是顾客真正要买的东西。有形产品是指购买者在实际感受的水平范围内所认知的产品，即通常表现为产品的质量、特性、式样、品牌名称、包装等。附加产品指的是顾客购买有形产品时所获得的全部附加服务和利益，包括售后服务、产品保证、满意度等。企业在设计产品策略时需要考虑以上三个层次的产品概念。总而言之，产品不仅是具有机能的、美观的特殊物理性产品，而且还是用于满足人们某种欲望和需要的任何事物。

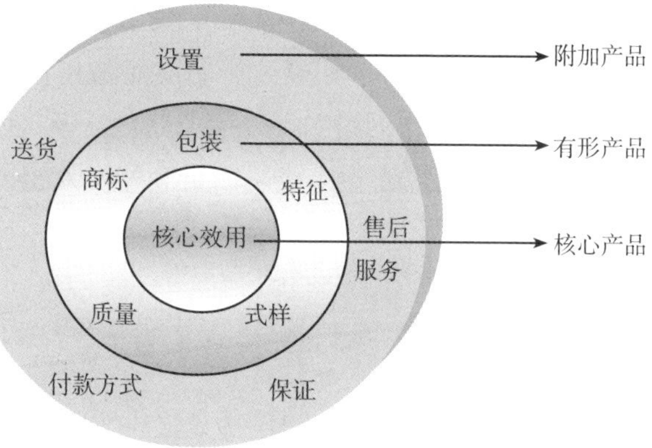

图5-2　产品的三个层次

二、产品的类型

产品依据不同的标准可分为不同的种类。根据物理形态的有无可分为有形产品和无形产品（服务）。有形产品根据使用者的购买目的可分为用于生产管理过程的工业品和用于满足个人消费者需求的消费品。如图5-3所示，接下来介绍一下工业品和消费品。

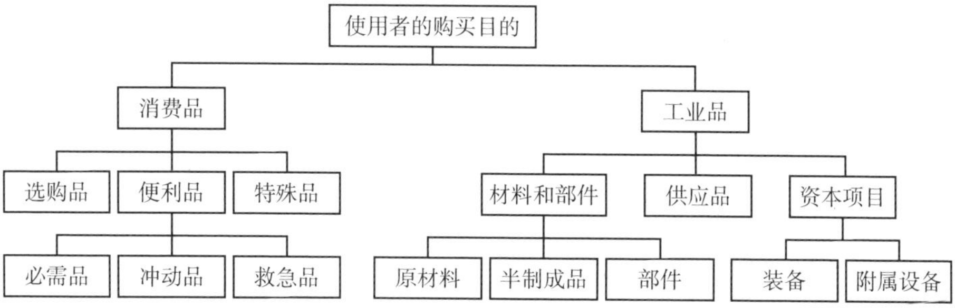

图5-3　产品的分类

（一）工业品

工业品是指制造商、批发零售商、办公室、政府、医院等企业或组织为了产品的生产或再销售而购买的产品。根据其在生产过程中的如何使用可分为材料（materials）和部件（parts）、资本项目（capital items）以及供应品（supplies）三类。

1. 材料和部件

材料和部件是指制造商为了成品的生产而投入产品的一部分，即零配件。材料依据加工程度可分为原材料（raw materials）和半制成品（component materials）。原材料是指小麦、面、皮革等农产品和木材、原油、钢铁等天然材料经过耕种、提取而没被加工过的材料。相反，半制成品是指在附带加工过程里形态发生了变化，为其成为完成品而进行的一系列加工里所使用的材料。部件（parts）是指为了最终成品的制造而在完成阶段里额外投入的产品，其具有不改变成品外形的特性。

2. 资本项目

资本项目虽不是产品组成的一部分，但它是为了产品的顺利生产而投入的。它包括装备（installation）和附属设备（accessory equipment）两个部分。装备包括工厂、办公室等以及类似的建筑物或发电机、大型电脑、电梯等固定设备。附属设备包括工厂的移动装备和工具及办公设备。这种设备不是最终成品的组成部分，它们在生产过程中仅仅起辅助作用。

3. 供应品

供应品是指不构成最终产品的那类项目，只是为了工厂或公司运营而使用的。供应品包括润滑油、铅笔、墨水等运营供应品和油漆、清扫用具和类似的维修供应品。

（二）消费品

消费品是指最终消费者以家计或消费为目的而购买的产品，主要用于消费者个人或家庭消费的产品。根据消费者购买产品的行动标准可分为便利品（convenience goods）、选购品（shopping goods）和特殊品（specialty goods）三种类型。表5-1对这三种类型产品举例说明其具有的特征和对应的营销策略。

表5-1　消费品的分类、主要特征与营销策略

分类		便利品	选购品	特殊品
消费品示例		水果罐头	家具	贵重衣服
主要特征	消费者购买时间和精力	非常少	相当多	尽量花时间寻找合适的品牌
	计划购买所花费的时间	非常少	相当多	相当多
	满足需求的速度	立刻	相对较慢	相对较慢
	是否比较价格的高低	否	是	否
	价格	通常很低	通常较高	通常较高
	购买频率	频繁	不频繁	不频繁
营销策略	渠道的长度	长	短	非常短
	零售商	相对不重要	重要	很重要
	店铺数量	越多越好	少	少，通常一个市场一家
	存货周转率	高	低	低
	总利润	低	高	高
	广告责任	生产商	共同责任	共同责任
	购买点的展示	很重要	较不重要	较不重要
	品牌/商店名称	品牌	商店名称	两者
	包装	很重要	较不重要	较不重要

资料来源：王永贵. 市场营销［M］. 北京：中国人民大学出版社，2019：212.

1. 便利品

便利品是指消费者们不需要花费时间或努力而购买的产品或可以随时购买的产品。便利品通常单价较低、体积较小，较少受到时尚和潮流的影响，并且消费者倾向于频繁购买此类产品。便利品可进一步分为日用品（staple goods）、冲动品（impulsive goods）和救急品（emergency goods）。日用品是白糖、咖啡、牙膏、卫生纸等消费者定期经常购买的产品。冲动品是在超市或药店、百货商场等事前没有计划而即兴购买的产品，如杂志或口香糖等。救急品是消费者在十分紧迫时需要购买的产品，例如：停电时使用的手电筒或暴雪时穿的靴子及下雨时用的雨伞等。

2. 选购品

选购品是指消费者在选购产品的过程中，对质量、价格、式样、包装等基本方面及其他类似产品进行比较以后从中选定及购买的产品，如家具或冰箱、电视、空调等。一般来说，选购品在财政和社会层面比便利品成为重要品目的可能性更大。因为消费者不经常购买选购品，而且有时消费者对本身要买的某种特性产品的态度常常是模棱两可。

3. 特殊品

特殊品是指消费者愿意做出特殊购买努力的产品，这些产品具有高产品差别性、高消费者参与度，对特定商标有很强的商标爱好度的特性。如高级香水、赛车、高级服装等。对于特殊品来说，此类产品消费者往往会在众多的品牌中进行选择，自愿花费大量的时间和精力去找出自己最想要的品牌。

三、全球产品的类型

全球产品是用来满足全球任何一个国家消费者的需求，使任何一国的消费者在任意时间、地点都能享受到该产品所提供的效用。例如：麦当劳、肯德基的汉堡以及星巴克的咖啡等就是能满足全球各国不同消费者需求的全球性产品。根据学者们的主张和意见，我们把产品分为国内指向产品、多国籍产品、全球产品三种类型。

（一）国内指向产品

国内指向产品是指企业把在国内已销售的产品或经过稍微修改过的产品以出口的方式在海外市场销售的产品。这种方法可以说是投入费用最少的一种方法。一般来说发展中国家的企业们先模仿成熟期的外国产品，然后把它拿到国内市场来销售，而又以低价出口的方式来对外销售。通过这种途径发展成国际企业的例子数不胜数。

（二）多国籍产品

多国籍产品是指在国外当地市场拥有分公司的情况下，由国外分公司负责产品的生产和销售。这种情况下，在当地市场环境里，当产品的使用条件或机能方面存有很大的差异时，应该以当地分公司为中心按照当地市场的使用条件、消费者嗜好、收入水平、法制规定等要求而企划合适的产品从而进行生产和销售，这样是最有利的。像这样在当地市场里，当产品的使用条件或机能方面存有很大的差异时，以当地消费者们的需要为背景而制成的符合各国实际情况的产品策略就是所谓多国籍产品策略（multidomestic product strategy）。

（三）全球产品

全球产品是指以满足共同的欲求为目标而生产的标准化产品。这种情况下，企业因以生产高品质的低廉产品为目标，所以比起在一个地域内生产完成品来说，总公司偏好于在世界各地设立分公司，然后由各个分公司生产具有比较优势的零部件从而进行组装的方法。

第二节　全球产品生命周期

一、产品生命周期的概念

产品生命周期（product life cycle，PLC）给全球企业经营者提供了很多关于建立产品意识决定策略的有用情报。有的产品一进入市场由于不能引起消费者的关注而马上消失，而有的产品进入市场后一直被消费者所喜爱，数十年也不变。类似如此，新产品投入国外市场后，销售额渐渐增加，经过一段时间后销售额又慢慢减少的这一系列过程就是所谓产品生命周期。也就是说，所有的产品从新产品的开发及投入到国外市场，从进行首次销售开始到销售额渐渐增加又渐渐减少，最后由别的产品替代的这一系列过程都需经过一段固定时间才可以实现。产品生命周期显示出特定产品经开发投入到市场后，随着时间的流逝而引起销售额和利润变化的整个过程。产品生命周期一般分为导入期、成长期、成熟期和衰退期四个阶段。图5-4显示了这四个阶段的具体特性。

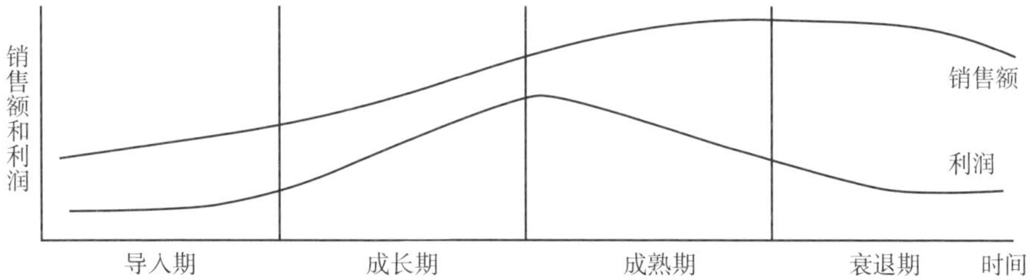

图5-4　全球产品生命周期

导入期也称为产品引入阶段，是指新产品首次进入市场的时期。导入期阶段消费者对产品还不了解，只有少数追求新奇的消费者可能购买，因此销售量很小，利润很低甚至是负值。这个阶段的特点是产品销售呈缓慢增长的状态，随着新产品的市场投入从而消耗巨大的费用，企业不但得不到利润，反而可能亏损。成长期是指产品在市场上迅速为消费者所接受、销售额迅速上升的阶段。这一阶段的特点是消费者对产品比较熟悉、开始购买、市场规模逐步扩大。企业的销售额迅速上升，利润也迅速增加。成长期阶段开始有竞争者出现并纷纷进入市场参与竞争，市场竞争逐渐加剧。成熟期是指大多数消费者已经接受该产品，从而使销售增长率开始下降、销售额增长缓慢的阶段。在此阶段里，通过降低价格、增加市场营销费用等方法来预防竞争，不过这样也可使利润急剧减少。衰退期是指销售额及利润急剧下降，最后利润渐趋于零直至完全退出市场的阶段。这一阶段的特点是产品销售量由缓慢下降变为迅速下降，消费者的兴趣已完全转移，价格已下降到最低水平，多数企业无利可图，被迫退出市场。

二、产品生命周期各阶段的市场营销策略

（一）导入期策略

导入期是新产品经过开发并首次进入市场的时期。在新产品导入阶段里，开发新产品的企业具有独占的地位和具有差别化特性，使得产品的价格弹性（price elasticity）相对比较小。此外，因为生产选址的费用差别不大，所以全球企业喜好在国内选择生产地址。随着大量生产及竞争企业的登场和需要的价格弹性的增大，为了进入下一个阶段成长期，企业们倾注于产品差别化及通过强化促销的方法，使潜在顾客们充分认识新产品的特性。在导入期，促销策略和价格策略起着很重要的作用。企业可以使用快速渗透策略（即以低价格和高促销费用推出新产品的策略）和缓慢渗透策略（即企业以低价格和低促销费用推出新产品的策略）。快速渗透策略的目的在于先发制人，以最快的速度打入市场。该策略可以给企业带来最快的市场渗透率和最高的市场占有率。缓慢渗透策略强调低价是为了促使市场迅速地接受新产品，低促销费用则可实现更多的利润。

（二）成长期策略

新产品经过销售额缓慢增长阶段（导入期）以后，消费者对该产品已经熟悉，从而便进入销售量迅速增长的成长期。进入成长期以后，老顾客的重复购买及新顾客的大量出现，使销售额大幅度增加。成长期阶段里，虽然需要大量的促销费用，但由于销售额的增加而使企业利润也得以迅速增长。在这一阶段，由于竞争者开发替代品或相似品，企业应该为提高商标忠诚度（brand loyalty）而进行产品改善、改良，进一步加强产品的差别化才是最好的策略。加强促销环节，树立强有力的产品形象，争取更多新的顾客。此外，成长期阶段里新的竞争者会参入竞争，为此企业应建立具有差别的、特殊机能的防御策略。总体来说，全球营销企业比起市场情报或经营策略来说更注重节约生产费用。如果生产选址选在薪金低廉的国家，便会发生从国外分公司那里倒进口的情况。

（三）成熟期策略

成熟期是指销售额的增长量快速增长后在某一时点增长率又缓慢下降，由此销售量既不增加也不减少的时期。处于成熟期阶段的企业，再也找不出产品的差别化因素，并在竞争者也不再出现的情况下，应积极倾注于节约成本才是最重要的。另外，虽然成熟期的销售量比起成长期末期的销售量来说相对稳定，但仍要求企业积极地进行市场营销活动。同时，通过降低价格在激烈的竞争中谋取特殊的利润。此外，全球营销企业为了应对衰退期的到来，应通过宣传新功能的附加产品来维持成熟期，同时需要付出更多的市场营销努力。

（四）衰退期策略

所有的产品由于受到各种环境因素的变化及不确定因素的影响，最终导致因需要的持续减少而面临衰退期。导致这种现象的原因有以下几个方面：① 消费者爱好的不断变化；② 由于技术革新而导致替代品的出现；③ 高品质、低价格的进口产品的泛滥；④ 由于竞争者卓越的市场营销策略而占据决定性优势等等。由于这样的缘故，即使市场的收容能力减退了，但因存在很大的竞争力还是会引起激烈的竞争，其结果便导致销售额和利润的同步减少。在此情况下，营销管理者应减少产品的品种，从没有利润的细分市场里撤回产品。如果不管倾注了多少营销努力还是亏损，就需要下决心废除该产品。此外，企业还可以采取集中策略，就是把资源集中使用在最有利的细分市场、最有效的销售渠道和最易销售的品种、款式上，以最有利的市场赢得尽可能多的利润。

表5-2详细归纳了产品生命周期各阶段特点及营销策略。

表5-2 产品生命周期各阶段特点及营销策略

阶段	特点	营销策略
导入期	• 新产品设计，质量有待提高 • 市场销售量少，销售额低 • 竞争对手很少，甚至没有 • 消费者认知度低	• 提高产品质量，注重产品差别化 • 积极开展促销策略，增大宣传力度 • 快速渗透策略 • 缓慢渗透策略

表5-2（续）

阶段	特点	营销策略
成长期	• 市场用户逐渐增多 • 竞争对手出现并开始增多 • 市场销量增加，销售额迅速上涨 • 消费者认知度增高，利润增加	• 进一步加强产品的差别化，改善、改良产品 • 提高品牌忠诚度 • 建立有差别的、特殊的防御策略
成熟期	• 产品逐步标准化，差异小 • 新客户减少，老客户重复购买 • 竞争对手相对稳定	• 降低价格 • 降低成本 • 增加市场营销费用
衰退期	• 产品差别小，价格差异小 • 有些竞争对手开始退出市场 • 销售额及利润急剧下降	• 减少产品的品种 • 集中策略 • 撤退策略

第三节　全球新产品开发策略

一、新产品概念及重要性

（一）新产品的概念

新产品具有多种解释，它是指产品本身是前所未有的或是在原有产品的基础上加以开发、再设计的产品；或是原有产品进入新市场，给该市场的消费者新感觉的产品；等等。新产品与旧产品相比，具有新功能、新结构、新用途和新设计，能满足消费者需求和欲望。对于新产品，大体包括以下三类①。

1. 全新产品

全新产品是指应用新原理、新技术、新材料和新结构等研制成功的前所未有的产品。如蒸汽机、电灯、电话、飞机、电视机、电冰箱、计算机，以及抗生素、化学纤维的研制成功并投入使用，就属于全新产品。这类产品的问世往往缘于科学技术在某个方面所产生的重大突破，而它们的普及使用将极大地改善人们的生活。不过，开发全新产品要求消费者必须进行相关知识的学习，彻底改变原有消费模式。全新产品的推出十分困难，绝大多数企业

① 郭国庆，陈凯. 市场营销学［M］. 6版. 北京：中国人民大学出版社，2019：201.

难以做到。

2. 换代产品

这种新产品是指在原有产品的基础上，采用或部分采用新技术、新材料、新结构制造出来的产品。与原有产品相比，换代产品往往在产品外观、性能或者功能等方面有较大改进，从而为顾客带来了新的利益。一般而言，这种产品要求顾客对原有消费模式有所改变。随着科技的迅猛发展，产品更新换代呈现越来越快的趋势。换代产品出现后，将逐渐取代老产品并导致其被市场淘汰。

3. 改进产品

改进产品是指在原有产品基础上适当加以改进，使得产品在质量、性能、结构、造型等方面有所改善。这类新产品与原有产品差别不大，改进的难度不高，顾客购买改进产品后，可以按照原来的方式使用。

（二）新产品开发的重要性

在激烈的市场竞争中，企业要想在市场中保持优势、不被淘汰，必须不断通过技术革新来开发新产品。特别是在竞争激烈的国外市场，企业要想持续成长，增加利润，就必须开发独具风格的新产品。新产品开发非常重要、紧迫，然而新产品开发的道路却是曲折困难的，失败率也是非常高的。企业之所以要大力开发新产品，主要是因为以下几个方面的原因①。

1. 产品生命周期的现实要求企业不断开发新产品

企业同产品一样也存在着生命周期。如果不开发新产品，当产品走向衰落时，企业也同样走到了生命周期的终点。相反，企业若能不断开发新产品，就可以在原有产品退出市场时，利用新产品占领市场。一般而言，当一种产品投放市场时，企业就应当设计新产品，任何时期都有不同的产品处在周期的各个阶段，从而保证企业利润的稳定增长。

2. 消费需求的变化需要不断开发新产品

随着生产的发展和人们生活水平的提高，需求也发生了很大变化，方便、健康、轻巧、快捷的产品越来越受到消费者的欢迎。消费结构的变化加快，消费选择更加多样化，产品生命周期日益缩短。这一方面给企业带来了威胁，企业不得不淘汰难以适应消费需求的老产品，另一方面也给企业提供了开发新产品、适应市场变化的机会。

---

① 吴健安，郭国庆，钟育赣.市场营销学［M］. 4版.北京：高等教育出版社，2011：218.

3. 科学技术的发展推动着企业不断开发新产品

科学技术的迅速发展导致许多高科技新型产品的出现，并加快了产品更新换代的速度。科学的进步有利于企业淘汰过时的产品，生产性能更优越的产品，并把新产品推向市场。企业只有不断运用新的科学技术改造自己的产品、开发新产品，才不至于被排挤出市场。

4. 市场竞争的加剧迫使企业不断开发新产品

现代市场上企业之间的竞争日趋激烈，要想保持竞争优势只有不断创新、开发新产品，才能在市场占据领先地位。竞争中没有疲软的市场，只有疲软的产品。定期推出新产品，可以提高企业在市场上的信誉和地位，提高竞争力，并扩大市场份额。

统计机构的调查结果显示，企业里失败率最高的是只处理、承办单一产品的企业。由此可见，企业不光要开发研制替代已衰退的原有产品的新产品，同时也应增添更多的产品项目，并以多个市场为对象供给、销售产品，这样才能提高销售额，增长利润、市场占有率，维持稳定的市场地位。此外，新产品作为增长市场占有率的跳板，不仅起到有效应对处理渐渐缩短的产品生命周期的作用，还能起到给消费者或中间商树立良好企业形象的作用，而且对于有效应对市场结构变化也发挥着巨大作用。

二、新产品开发过程

全球营销中的新产品开发过程和国内营销的产品开发过程基本相似。大体上，新产品开发过程可分为寻求创意（idea generation）、甄别创意（idea screening）、商业性分析（business analysis）、产品开发（product development）、市场试销（market testing）以及批量上市（commercialization）等六个阶段（见图5-5）。

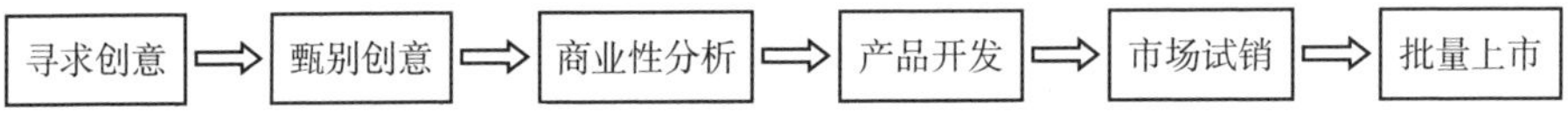

图5-5　新产品开发过程

（一）寻求创意

新产品开发的第一阶段是通过各种各样的情报源寻求新产品创意开始的。对于企业来说，为了产品革新而获取新创意的来源有顾客和市场、公司销售员、分公司管理者、协力商、流通商、竞争者，以及企业内市场营销部门、生产部门、其他有关部门等。此外，企业还可以从大学、咨询公司、同行业的团体协会、有关的报刊媒体那里寻求有用的新产品的创意。全球营销者应确保和这些获取创意的来源间的意识沟通和交流。

（二）甄别创意

甄别创意阶段是指对于寻求创意阶段里取得的创意加以评估，研究其可行性，并挑选出可行性较强的创意。新产品创意的首次评估是在寻求和收集创意的一线部门或分公司进行的，第二次评估是在地域本部或总公司进行的。为了采用成功的创意，在此阶段，企业内的各个部门之间应保持紧密的联系和不断进行情报交换才行。

（三）商业性分析

商业性分析阶段是指全球营销管理者要复查新产品创意的销售额、市场占有率、利润等，评估它们是否能达成企业的目标。在此阶段，使新创意成为商品化之前，应把预计未来的需求、生产和销售产品所需费用、最后获取的利润等放在首位。

（四）产品开发

新产品创意经过评估以后，便可以把选定的创意转变为产品，进入试制阶段。进行试制生产不仅会付出庞大的费用，而且还决定了产品创意能否取得技术上、商业上的成功。如果试制失败就意味着新产品开发所耗费的资金将付之东流。如果产品要领通过了商业分析，研究与开发部门及工程技术部门就可以把这种产品要领转为产品，进入试制阶段。

（五）市场试销

市场试销是指产品及市场营销活动在现实的市场环境里试验的阶段。开发好的新产品在正式进入市场之前要对市场的反应进行测试。其理由是营销管理者在进行大量生产之前最后再确认一下新产品的市场性和有无疏漏之处。对于通过市场试销来检验新产品市场反应的营销管理者来说，不仅可以预测未来的销售额及事前测试大致的营销计划，还可以发现产品开发阶段里的疏漏之处。

（六）批量上市

批量上市阶段，企业需要动用大批人力、物力，支付大量费用。根据市场试销的结果，如果确信新产品创意能取得成功，便可以进入正式进行生产和市场销售的批量上市阶段。全球营销管理者要决定新产品投放市场的最适宜时间、选择合适的投入地点、目标市场，还要制订合理有效的市场营销策略。在这一阶段，企业高层需要注意四个问题：何时（when）推出新产品、在何地（where）推出新产品、向谁（who）推出新产品和如何（how）推出新产品。

第四节　全球品牌策略

一、品牌的概念

品牌（brand）是指销售者识别销售的产品或服务的同时为了使之与竞争对手的产品或服务区别开来所使用的名称、标志、符号、图案及它们的组合。可以说，品牌是一种识别标志，一种精神象征。它是企业的无形资产、品质优异的核心体现。品牌的整体含义可分成六个层次①。

① 属性。品牌首先使人们想到某种属性。例如："奔驰"意味着昂贵、工艺精湛、马力强大、高贵、转卖价值高、速度快等。公司可以采用一种或几种属性为汽车做广告。

② 利益。品牌不只意味着一整套属性。顾客不是在买属性，他们买的是利益。属性需要转化为功能性或情感性的利益。耐久的属性体现了功能性利益："多年内我不需要买一辆新车。"昂贵的属性体现了情感性利益："这辆车让我感觉到自己很重要，并受人尊重。"制作精良的属性既体现了功能性利益，又体现了情感性利益："一旦出事故，我很安全。"

③ 价值。品牌也说明一些生产者价值。因此，"奔驰"代表着高效、安全、声望及其他东西。品牌的营销人员必须分辨出对这些价值感兴趣的消费者群体。

④ 文化。品牌也可能代表着一种文化。"奔驰"汽车代表着德国文化：组织严密、高效率和高质量。

⑤ 个性。品牌也反映一定的个性。如果品牌是一个人、动物或物体的名字，会使人们想到什么呢？"奔驰"可能会让人想到严谨的老板、凶猛的狮子或庄严的建筑。

① 郭国庆，陈凯. 市场营销学［M］. 6版. 北京：中国人民大学出版社，2019：220.

⑥ 用户。品牌暗示着购买或使用产品的消费者类型。如果我们看到一位20来岁的秘书开着一辆“奔驰”会感到很吃惊。我们更愿意看到开车的是一位55岁的高级经理。

品牌实质上代表着卖者对交付给买者的产品特征、利益和服务的一贯性的承诺。最佳品牌就是质量的保证。消费者通过品牌可识别制造商和销售商。以下介绍几个和品牌有关的主要概念。

① 品牌名称（brand name）：品牌中可以用语言称呼的部分。如可口可乐（Coca-Cola）、耐克（Nike）、奔驰（Benz）、宝马（BMW）等。

② 品牌标志（brand mark）：品牌中的图案、符号、标志、特有颜色、独特文字等不能用言语称呼的部分。例如：奔驰的“三叉星圆环”和奥迪的“相连着的四环”标志等。

③ 商标（trade mark）：经过一定的程序登记，注册并受到法律保护的品牌。一旦成为注册商标便享有独占使用权，可以防止其他企业的侵犯。商标注册者具有专用权，受法律保护。

二、品牌资产

品牌资产一词从20世纪80年代起被广泛使用。学者们对品牌资产的定义各不相同。我国学者王永贵（2019年）在《市场营销》一书中说，“品牌资产是指品牌知识对消费者面向品牌营销活动所做反应的不同影响。因此，我们完全可以从顾客的角度，立足顾客知识、熟悉程度和与特定品牌的关系来理解品牌资产。”加利福尼亚大学伯克利分校的大卫·爱克（David A.Aaker）教授认为，品牌资产是这样一种资产，它能够为企业和顾客提供超越产品或服务本身利益之外的价值；同时，品牌资产又是与某一特定的品牌紧密联系的；品牌文字、图形如作改变，附属于品牌之上的财产将会部分或全部丧失[①]。某种品牌给消费者提供的超过商品或服务本身以外的附加利益越多，该品牌对消费者的吸引就越大，反之则越小。品牌给企业带来的附加利益，最终源于品牌对消费者的吸引力和感召力。因此，企业应以消费者感知为导向，对企业的品牌做出正确的审核和评价，揭示品牌资产的来源，增加企业的附加利益。品牌资产是一个系统概念，它的构成如图5-6所示。

---

① 郭国庆，陈凯. 市场营销学［M］. 6版. 北京：中国人民大学出版社，2019：224.

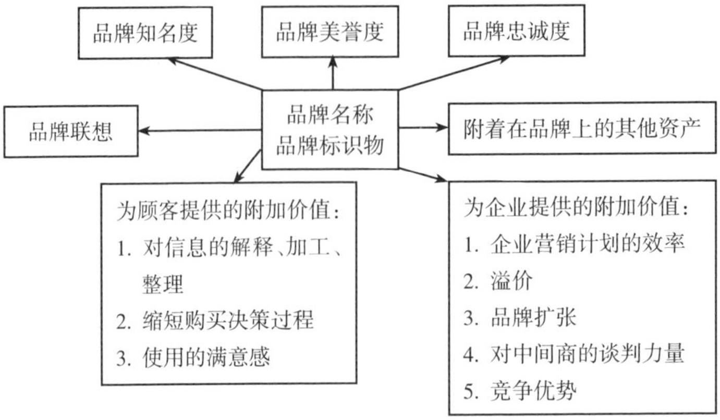

图5-6　品牌资产系统

资料来源：郭国庆，陈凯. 市场营销学［M］. 6版. 北京：中国人民大学出版社，2019：225.

（一）品牌知名度

品牌知名度（brand awareness）是指某品牌为消费者所认知、知晓的程度。知晓该品牌的消费者越多，就意味着该品牌的知名度也就越高；反之，知晓该品牌的消费者越少，就意味着该品牌的知名度越低。也就是说，品牌知名度表明品牌为多少或多大比例的消费者所知晓，反映的是顾客关系的广度。一般而言，品牌知名度往往包括四个层次，即无知名度、提示知名度、未提示知名度和顶端知名度[①]。它们呈现出金字塔形，意味着越往上越难实现，且越能给企业带来竞争优势。其中，无知名度（unaware of brand）是指消费者对品牌没有任何印象；提示知名度（aided awareness）是指消费者在经过提示或某种暗示后，可以想起某一品牌或表示自己曾听说过某品牌名称；未提示知名度（unaided awareness）是指消费者在不需任何提示的情况下可以想起某种品牌，能够正确地回忆起以前所见或所听到的品牌；顶端知名度（top of mind）是指消费者在没有任何提示的情况下能够想到或说出某类产品的第一品牌，如有的消费者提到家电会想到三星、LG，提到快餐会想到麦当劳或必胜客，提到相机会想到佳能、索尼，提到空调会想到海尔、格力，提到汽车会想到现代、大众，提到香水会想到香奈儿、迪奥，等等。

（二）品牌联想

品牌联想（brand association）是消费者品牌知识体系中与品牌相关联的一切

① 王永贵.市场营销［M］. 北京：中国人民大学出版社，2019：328.

信息节点。品牌联想就是消费者想到某一品牌时在脑海中浮现的与特定品牌联系在一起的事物，如产品特点、使用场合、品牌个性等。对于一个品牌，消费者最直接的联想可以是一个符号、一个图案、一个产品、一个广告、一个企业或一个人，可以是产品功能性、象征性或体验性的利益，也可以是消费者对品牌的总体态度与评价。消费者通过对不同品牌产生不同的联想，使品牌间的差异得以呈现。品牌联想大致可分为三个层次：品牌属性联想、品牌利益联想、品牌态度[①]。品牌属性联想是指对于产品或服务特色的联想，如消费者认为产品或服务是什么。属性联想又分为与产品有关及与产品无关两类。品牌利益联想是指消费者感知的某一品牌产品或服务属性能给他带来的价值和意义，也就是消费者心目中认为此产品或服务能够为他们做些什么。利益联想进一步分为功能利益联想、经验利益联想和象征利益联想三类。品牌态度是消费者对某一品牌的总体评价。品牌态度通常建立在品牌属性和品牌利益之上，例如：消费者对汽车的态度建立在它的乘车感、舒适度、服务质量、安全可靠、售后服务等方面上。

（三）品牌忠诚度

品牌忠诚度（brand loyalty）是衡量对某种品牌忠诚程度的指标。消费者在一段时间甚至很长时间内重复购买或使用某一特定品牌的倾向就是品牌忠诚度。品牌忠诚度是由消费者长期反复购买使用某一品牌，并对该品牌产生一定的好感、信任、依赖而形成的。品牌忠诚度高的消费者对价格的敏感度相对较低，愿意为高质量付出高价格，能够认识到品牌的价值，也愿意为品牌做出贡献。在日常生活中或周边亲戚、朋友、同事中我们可以看到，很多人都有自己所忠诚的品牌，很少有人轻易改换。例如：小李就喜欢用高露洁的牙膏、立白洗衣液、清风的纸巾、绿劲洗洁精等，那是因为小李已经对高露洁、立白、清风、绿劲这些品牌产生了品牌忠诚。很长一段时间内，小李都会忠诚于这些品牌，并愿意重复购买使用。

品牌忠诚的价值具体表现在这样几方面：其一是降低营销费用。如果消费者对某品牌有偏好，并形成了品牌忠诚，对该品牌产品有较高的信任度和依赖性，进而经常购买该品牌产品，就会使品牌拥有者节省广告等促销费用。其二是易于吸引消费者，扩大市场规模。品牌忠诚度高，表明企业的生产经营活动得到了顾客的认可；顾客的连续重复性购买也是一种富有诱导性的示范；口碑

① 郭国庆，陈凯. 市场营销学［M］. 6版. 北京：中国人民大学出版社，2019：229.

甚佳又使老顾客成了义务宣传员。

（四）品牌美誉度

品牌美誉度是指消费者对某一品牌的好感和信任程度。如果说品牌知名度是一个量的指标，那么品牌美誉度就是一个质的指标，它也是现代企业形象塑造的重要组成部分。一个品牌如果想要有好的品牌美誉度，就需要先有一个好的品牌知名度，品牌美誉度是以品牌知名度为前提的，没有好的品牌知名度，也就不会有好的品牌形象，不会有好的品牌美誉度。此外，如果某一品牌具有了很好的品牌美誉度，消费者便会通过口碑一传十、十传百，从而促进该品牌销量的不断增加。品牌的美誉度越高，口碑效应就越明显，品牌的资产价值也就越高。

三、全球品牌策略

一个全球品牌是一种承诺，如果管理成功，全球品牌也可以是引进新产品的重要途径和有效方法。全球品牌与全球产品是不同的，全球品牌在所有市场里的名称都是相同的，如可口可乐、三星、苹果等。全球企业建立起自己的品牌不仅便于消费者辨认、识别所需商品，还有助于消费者选购商品，增加品牌知名度和品牌忠诚度。全球营销企业在海外市场进行经营活动，更要管理好品牌资产，通过优质的服务和高质量的产品树立企业品牌美誉度，树立企业美好形象，为企业在全球市场中立足和生存创造条件。图5-7出示了2015年至2019年全球品牌的排列情况。从图中可以看出苹果和谷歌一直都处于遥遥领先的地位，而韩国三星近两年的品牌排列比前两年提升了。

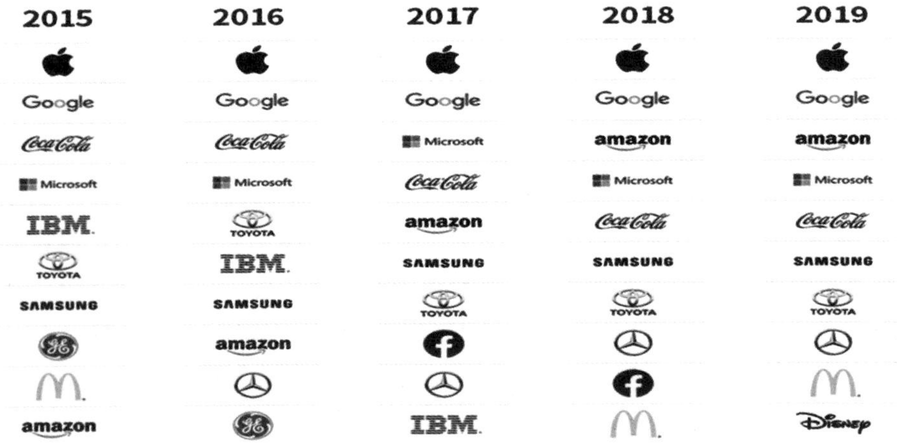

图5-7　近5年全球品牌的排列

以下介绍几种全球品牌策略。

（一）自有品牌和OEM品牌

自有品牌作为全球营销企业自行开发和使用的品牌，不仅是区别企业及产品差别化的强有力手段，还是提高顾客品牌忠诚度的重要途径。为了构建品牌的名声，企业需要投入大量费用及进行长时间的投资和努力。OEM品牌（original equipment manufacturer's brand）被称为使用客户商标生产，是指作为典范的他社品牌根据订购商（包括制造商及供应商）的要求出口产品并粘贴该订购商企业品牌的销售方式。此种方式是发展中国家的中小制造商在出口时常常使用的一种品牌策略。很多情况下，国外的有名商家为了节省制造成本，喜欢选择成本、生产费低廉国家的外加工企业，然后给他们提供技术明细表和品牌，外加工企业依据技术明细表而生产产品并粘贴订购商指定的品牌提交货物。

（二）个别品牌和统一品牌

个别品牌（individual brand）策略是指制造商或供应商对企业生产、管理的各种不同的产品分别使用不同品牌的战略方法。该策略的优点是即使某特定品牌在市场上失去信任而失败也不至于影响其他品牌产品的销售，还能相对地掌握品牌寿命短的商品群，从而在短暂的时间里积累、构建品牌资产。

统一品牌（family brand）策略是指和个别品牌不同，制造商或供应商对企业生产、管理的所有产品都使用一个品牌名称的方法。统一品牌策略具有能节省市场营销费用，促进新产品进入市场的容易性等优点。

（三）全球品牌和当地品牌

全球品牌（global brand）策略是指虽然每个国家市场都具有不同的欲求和嗜好，不过尽可能地找出相似的欲求从而在世界各地都使用同样的品牌的方法。要想制造出全世界都通用的全球品牌并不是一件容易的事。事实上，如果产品的品质差，无论投入多少的促销费用也不会取得长时间的成功。全球品牌策略具有能提高品牌的资产价值、构建全世界品牌认知度的优点。

当地品牌策略是指以反映进入国家不同环境因素为焦点的策略。当地品牌策略的优点是，因进入时考虑当地的社会文化特性而使当地顾客很容易认识、接受产品，在同一种品牌在当地国已经注册或使用的情况下，能避开有关品牌使用及关联一些法律纠纷。另外，在兼并接受当地企业的时候，还可以活用当地国已构建的品牌形象。

四、品牌保护

品牌保护（brand protection）是对品牌的所有人、合法使用人的品牌实行资格保护措施，以防范来自各方面的侵害和侵权行为。品牌是全球企业的重要资产，所以对其进行保护是品牌运营的重要保障。但是，企业要保护自己在世界各国品牌，需要投入大量的费用和付出更多的努力才行。为了保护品牌，全球营销企业需要检验品牌所有权和有关当地国的法律体系。当然，如果要理解某国家的品牌保护和有关法律环境，要务之一就是要掌握该国家的法律体系。

第五节　本章小结

划分产品的概念有两种方法，一是狭义的定义法，另一种是广义的定义法。狭义的概念是指产品是给购买者提供货物的机能和物理的实体。广义的概念不仅是指产品是被销售的机能的和物理的实体，而且还包括包装、商标、送货服务，甚至购物卡的方便性、购物氛围的舒适等产品本身及所附带的全部。一般来说，产品根据满足消费者需求的程度可分为核心产品、有形产品和附加产品三个层次。核心产品指的是产品所提供的自身效用，是顾客真正要买的东西。有形产品是指购买者在实际感受的水平范围内所认知的产品，通常表现为产品的质量、特性、式样、品牌名称、包装等。附加产品指的是顾客购买有形产品时所获得的全部附加服务和利益，包括售后服务、产品保证、满意度等。

产品依据不同的标准可分为不同的种类。根据物理形态的有无可分为有形产品和无形产品（服务）。有形产品根据使用者购买目的可分为用于生产管理过程的工业品和用于满足个人消费者需求的消费品。根据消费者购买产品的行动标准可分为便利品、选购品和特殊品三种类型。

全球产品是用来满足全球任何一个国家消费者的需求，使任何一国的消费者在任意时间、地点都能享受到该产品所提供的效用。根据学者们的主张和意见，我们把产品分为国内指向产品、多国籍产品、全球产品三种类型。国内指向产品是指企业把在国内已销售的产品或经过稍微修改过的产品以出口的方式在海外市场销售的产品。多国籍产品是指在国外当地市场拥有分公司的情况下，由国外分公司负责生产和销售的产品。全球产品是指以满足共同的欲求为目标而生产的标准化产品。

新产品投入国外市场后，销售额渐渐增加，经过一段时间后销售额又慢慢减少的这一系列过程就是所谓产品生命周期。产品生命周期一般分为导入期、成长期、成熟期和衰退期四个阶段。导入期也称为产品引入阶段，是指新产品首次进入市场的时期。在导入期促销策略和价格策略起着很重要的作用，企业可以通过快速渗透即以低价格和高促销费用推出新产品的策略和缓慢渗透策略即企业以低价格和低促销费用推出新产品的策略。成长期是指产品在市场上迅速为消费者所接受，销售额迅速上升的阶段。企业应该为提高商标忠诚度而进行改善、改良产品，进一步加强产品的差别化才是最好的策略。成熟期是指大多数消费者已经接受该产品，从而使销售增长率开始下降、销售额增长缓慢的阶段。处于成熟期阶段的全球企业们由于再也找不出产品的差别化因素，并在竞争者也不再出现的情况下，应积极倾注于节约成本。同时，通过降低价格，从而在激烈的竞争中谋取特殊的利润。衰退期是指销售额及利润急剧下降，最后利润渐趋于零直至完全退出市场的阶段。在此阶段营销管理者们应减少产品的品种，从没有利润的细分市场里撤回产品。此外，企业还可以采取集中策略，就是把资源集中使用在最有利的细分市场、最有效的销售渠道和最易销售的品种、款式上，以最有利的市场赢得尽可能多的利润。

全球营销的新产品开发过程和国内营销的产品开发过程基本相似，大体上可分为寻求创意、甄别创意、商业性分析、产品开发、市场试销及批量上市等六个阶段。新产品开发的第一阶段是从各种各样的情报源那里寻求新产品创意开始的。甄别创意阶段是指对于寻求创意阶段里取得的创意加以评估，研究其可行性，并挑选出可行性较强的创意。商业性分析阶段是指全球营销管理者要复查新产品创意的销售额、市场占有率、利润等，评估它们是否能达成企业的目标。新产品创意经过评估以后便可以把选定的创意转变为产品，进入试制阶段。市场试销是指产品及市场营销活动在现实的市场环境里试验的阶段。批量上市阶段，企业需要动用大批人力、物力，支付大量费用。根据市场试销的结果，如果确信新产品创意能取得成功，便可以进入正式进行生产和市场销售的批量上市阶段。

一个全球品牌是一种承诺，如果管理成功，全球品牌也可以是引进新产品的重要途径和有效方法。书中介绍几种全球品牌策略：① 自有品牌和OEM品牌。自有品牌作为全球企业自行开发和使用的品牌，不仅是区别企业及产品差别化的强有力手段，还是提高顾客品牌忠诚度的重要途径。OEM品牌称为使用客户商标生产，是指作为典范的他社品牌根据订购商（包括制造商及供应商）的要求出口产品并粘贴该订购商企业品牌的销售方式。② 个别品牌和统一品牌。个别品牌策略是指制造商或供应商对企业生产、管理的各种不同的产品分别使用不同品牌的战略方法。统一品牌策略是指和个别品牌不同，制造商或供应商对企业生产、管理的所有产品都使用一个品牌名称的方法。③ 全球品牌和当地品牌。全球品牌策略是指虽然每个国家市场都具有不同的欲求和嗜好，不过尽可能地找出相似的欲求从而在世界各地都使用同样的品牌的方法。全球品牌策略具有能提高品牌的资产价值、构建全世界品牌认知度的优点。当地品牌策略是指以反映进入国家不同环境因素为焦点的策略。

思考题

1. 产品根据消费者需求程度可分为哪几个层次？请画图加以说明。
2. 全球产品共分为哪些类型？具体内容是什么？
3. 全球产品生命周期可分为哪几个阶段？各个阶段所对应的市场营销策略有哪些？
4. 新产品开发可分为哪几个过程？请简单加以说明。
5. 全球品牌策略有哪些？请举例说明。

第六章

全球营销组合策略——定价策略

❶ 全球化价格战略的意义

❷ 全球营销价格战略的影响因素

❸ 全球定价的战略性方案

❹ 出口价格的决定

❺ 全球性转移价格的决定

第一节　全球化价格战略的意义

定价是全球营销中最重要又复杂的主题之一。营销组合（marketing mix）的各因素中价格的决定对价值创造产生最直接的影响，并左右全球营销最终的成败。从与顾客间关系的角度来看价格是重要的沟通手段之一，因为顾客是以产品的市场价格为基准来判断产品或服务的魅力程度。换句话说，价格在最终的购买决策中起着非常重要的作用。除此之外，价格还在竞争者和代替品的竞争中起着战略性的作用。因此，价格的决定不仅要顾虑其他市场营销组合，同时也要考虑到生产、财务、会计和税务等事项。对于全球营销管理者来说，如果价格定得太高，总利润会比价格适当要低，竞争力也会相对减弱。但如果价格定得太低，利润又会随之减少，从而造成经营的困难。大多数消费者对价格很敏感，制定合理价格，选择有效的定价策略不仅可以为消费者创造最大价值，达到消费者满意的程度，同时还可以为企业创造最大竞争的收益。由此可见，定价对于公司来说是多么重要。一般而言，影响产品定价的因素是多方面的，包括定价目标、成本、市场需求、竞争者的产品等。通常，产品定价的上限取决于市场需求，下限取决于该产品的成本、费用等。具体内容如图6-1所示。

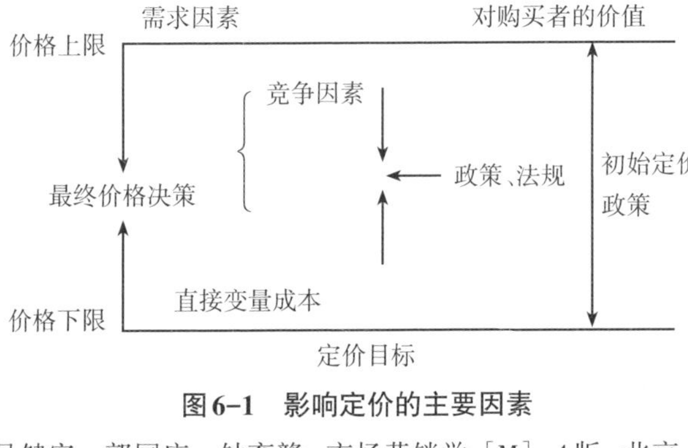

图6-1　影响定价的主要因素

资料来源：吴健安，郭国庆，钟育赣. 市场营销学［M］. 4版. 北京：高等教育出版社，2011：249.

第二节　全球营销价格战略的影响因素

一、企业的目标和制作费用

在全球营销中，企业的战略性目标对定价的影响很大。一般来说，企业的投资回报率（return on investment，ROI）以投资利益率的极大化和维持市场占有率及完成特定的利益指标等为主要目标。投资回报率是指企业从一项投资性商业活动的投资中得到的经济回报，是衡量一个企业盈利状况所使用的比率。例如：将现有利益最大化的同时，为将产品推为高档品而使用撇脂定价法（skimming pricing）。即产品或服务在具有特性，并且有高价购买该产品或服务的细分市场时，可采取高价战略。与其相反，在以大量销售和占有率的扩大为目标的情况下，通常使用低价的渗透定价（penetration pricing）。因此存在对大规模市场和价格反应敏感的顾客层是至关重要的，因低价而导致的单价利益的损失就要通过大量销售来维持平衡，也就是所说的薄利多销。

在全球市场中，企业的目标还会随地域或时间的跨度而有所变化。例如，在美国只卖30美元的“李维斯（Levi's）501”牛仔裤在欧洲或日本、韩国等地的销售价要比美国高出2倍以上，这意味着李维斯的品牌形象在美国以外的市场要比在美国市场的好，因此李维斯的目标有所改变。企业的目标会随着地域或时间及接下来要说明的需求或竞争等原因而变化，随之价格战略同样也将产生差异。各种成本以及价格的决定，特别是最低价的决定对企业目标的树立起着非常重要的影响作用。全球市场中，地域的不同使得成本构造产生差异，因此在定价时，除了要考虑企业的生产成本、市场营销成本等因素外，与运输有关的物流成本同样也要考虑在内。例如，对于出口来说，与国内交易相比，出口往往会多发生三种附加成本：第一，为适应当地市场而改装产品时产生的成本；第二，与出口业务相关的成本，这里指人工费、市场调查费、装船及保险费、与海外顾客的沟通交流费、海外推销费等；第三，进军当地市场所需的相关费用，包括税费、当地顾客的信用度及政治风险、汇兑风险等。将上述成本考虑完善后进行定价的方法称为成本加价法（cost-plus pricing）。这种价格战略是国内生产成本加上附加成本和利益来决定最终的出口价。将成本分为固定成本和变动成本时可使用动态定价战略（dynamic pricing）。动态定价战略在定价时可以不考虑国内产生的固定成本而采取更具进攻性的决策方案。该方法中所属产品或服务的国内固定成本与是否出口无关，因先假定该成本是已发生的，所以只有包含变动成本和共同成本的部分固定成本对定价产生影响。但是，采用该战略时出口价格比国内交易价格低，由此可能会引发反倾销问题。

一般来讲，需求的价格弹性非常大时，从全球性角度来看需要削减费用。例如，在生产中我们想要期待规模经济时，可以采用产品标准化或统一生产从而达到规模效益，也可以通过在部分市场设立物流中心等方法来减少物品流通费用。全球营销费用过大时，跟以各国为单位进行广告宣传相比，将几个国家划为一个地域，在全球进行广告宣传活动，更能有效地降低成本。

二、需求

与成本决定价格的下限相反，需求决定价格的上限。对需求产生影响的因素有购买力、气候、习惯及替代品等，由于这些因素在各国市场有所不同，因此即便同样的产品在不同的市场中定价也会不同。购买力的判断尤其以人均国民收入为重要因素。国民收入低的国家大体上消费者对价格的反应较为敏感，因此需要价格溢价的产品在这样的国家销售会面临相当的困难。面临这种情况时，企业所采取的应对方案是，可以通过将产品进行某种程度的修改来降低产品价格，通过将产品规格减小或将产品品质降低等来降低售价。但是偶尔会存在人均国民收入不能正确反映一个国家购买力的情况。首先，因国民收入不是以当地货币而是以美元为标准衡量，所以会受到汇率的影响。其次，公开统计的国民收入无法反映出灰色经济的贡献程度。最后，低收入国家也存在部分的富有层。

三、币值波动

在竞争激烈的市场环境下，处于强势货币国家的公司经常将国际市场价格稳定在升值前水平，缓冲价格的上涨。币值波动是国际商业生活中的现实情况。针对币值的上涨或下跌，企业必须做出合理的应对。表6-1介绍了当国内货币强势或弱势时，企业应采取的定价策略。

表 6–1　国内货币的强弱势对定价的影响

国内货币弱势期	国内货币强势期
1. 强调价格实惠	1. 提高质量、配送和售后服务，进行非价格竞争
2. 扩大产品线，增加昂贵属性	2. 提高产量，降低成本
3. 在国内市场采购	3. 从国外市场采购
4. 利用所有市场机会	4. 优先出口给货币更强势的国家
5. 采用完全成本法，但按照边际成本定价，以进入新市场或竞争性市场	5. 降低利润率，按照边际成本定价
6. 加速收回在国外挣的收入和应收账款	6. 将在东道国赚的钱留在当地，放缓收回应收账款
7. 尽量减少以当地或东道国货币进行支付	7. 尽量以当地或东道国的货币进行支付
8. 购买国内市场的广告、保险、运输和其他服务项目	8. 从国外购买服务项目并用本国货币支付
9. 让国外消费者使用其国家货币付款	9. 让外国消费者使用本国货币付款

资料来源：沃伦·J. 基根. 全球营销管理［M］. 张政，译.北京：清华大学出版社，2020：233.

四、竞争

各国家出现价格差异的另一原因体现为各个国家竞争局面的不同。一方面，各国家存在的竞争者的数量不同。有些国家允许独占或垄断竞争，而有些国家恰恰相反，必须要与很多的竞争者争夺市场。另一方面，各国家存在的竞争本质也不同。其原因为，虽然不是全球性企业，但当具有相当竞争实力的当地企业存在时，企业不光要与已进入当地市场的全球性企业竞争，还要与具有竞争实力的当地企业竞争。

五、物流和政府政策

物流也对全球化定价起着影响作用。因为在物流过程中各企业的保证金或各国家的物流距离远近不同，因此不只是最终消费者价格，工厂交货价、出口价等都会受到影响。制造业和物流公司间的实力也是对定价产生影响的因素之一。例如，当地的大型流通企业多且市场控制力强时，因竞争激烈，无法不给大量购买的制造业打折。特别是对当地市场不了解时，对当地代理商的依赖程度就大，随之工厂交货价和最终消费者价格间就会出现较大的差异。

第三节　全球定价的战略性方案

一、低价战略

全球市场中的低价战略与单纯地生产一些“廉价品”低价销售是完全不同的概念。产品或服务水平非常卓越，但由于价格而导致顾客望而止步的品牌也很多，如香奈儿（Chanel）或劳力士（Rolex）等奢侈品牌。在全球市场中，定价的高低是大部分市场中消费者决定是否购买的重要因素之一，以渗透市场为目标使用低价战略的情况时常发生。例如，很多韩国企业在进入美国和欧洲市场时便使用了低价战略，主要是为了在与日本及其他国家企业的竞争中夺得更多的市场。因此，对企业所生产的产品或服务使用了低价战略。可是，当我们考虑到全球市场是全世界的优秀企业在一起竞争的市场时，虽然将价格降到尽可能低的程度是可直接确保竞争力的方案，但不以品质为基础的低价战略在全球市场中是不具备什么意义的。因此，在这里讨论一下必须降价时能使低价战略成功的方案。

价格在全球营销中尤其关键的原因是：首先，存在普遍性的价格上涨（price escalation）情况。如果在同一条件下，出口与内需相比，各阶段产生更多的费用是必然的，产品的流通也会因为要将产品运送到更远的地方而导致产生大量的费用。同时，由于东道国流通渠道与国内市场完全不同而产生大量费用，所以就会出现最终消费者价格比国内价格高的问题。其次，在通货膨胀极度严重或外汇变动不乐观的地域会出现全部价格上涨或进口产品价格上涨的情况，因此要做好防备类似情况发生的应对措施。最后，就是流通费用的减少。例如，用网络交易减少产品的流通程序，节省多余费用和中间商押金也可降低产品价格。但从K超市破产的例子中可以看到，如果竞争企业低价战略的价格更低，竞争力降低的本质性问题也是存在的。

二、高价战略

高价战略是无法降价或不适合降价的情况将市场定位为溢价品牌（premium brand），也不失为另一战略方案。生产玩具BLOC的“乐高（Lego）”在印度以6～223美元的价位进行销售，其价位比其他玩具的价格高出很多。但是，乐高的定位是以中上层以上的家庭为目标，从教育的角度来强调该产品的性能和应用，即使价格昂贵也会被印度的消费者所接受。

第四节 出口价格的决定

一、出口价格和价格屡增

出口价格（export price）是指总公司生产的产品向海外市场出口时或当地子公司生产的产品向母国或第三国出口时所定的价格。一般出口价会比国内销售价定位高。其原因为出口价要在国内生产成本上附加上流通费用、运输费、保险费、关税及中间商手续费等，这种现象称为价格屡增。如果海外顾客不打算高价购买其产品或产品竞争力降低，全球性企业必须找到解决该问题的方案。一般来说，可以通过降低出口价格或将产品的市场定位定为溢价品牌的方法来进行销售。为了降低出口价格，通常可以采用以下几种方法。

① 为缩减流通渠道和减少流通押金（手续费），重新调整流通渠道（如电视销售、网络销售等）。

② 减小产品的规格并减少其数量，预防价格上涨。

③ 采用可节省运输费、保险费及关税等生产方式。

④ 将各种产品要附加的税金种类和比率进行分析，寻找适合各产品的避税方法（如通过降低产品价格减轻关税）。

二、出口价格定价方法

（一）成本加利润计价法

成本加利润计价法（cost-plus pricing）是将制造成本、市场营销成本、研究开发成本、运输成本、保险费、关税及税金等全部核算后加上一定比率的利润定价的方法。这种方法的优点和缺点如下。

（1）优点

① 价格定制容易。

② 一定比率的利润可得到保障。

（2）缺点

① 因未考虑需求和竞争问题与利润最大化相矛盾。

② 因总成本中未将固定、变动成本分开，很难定出具有弹性的定价。

（二）利润贡献定价法

利润贡献定价法（profit contribution pricing）是将需求函数考虑在内的定价法，这里的利润贡献可视为纯收益。这种方法中，因彼此的价格都不同，在确认特定产品的需求量后，寻求利润最大化的价格。该方法的优点和缺点如下。

（1）优点

① 考虑到了需求函数。

② 可定制利益极大化的价格。

（2）缺点

① 海外出口的经验不足时，很难掌握需求函数。

② 考虑不到竞争企业的价格。

（三）经验曲线定价法

经验曲线定价法（experience curve pricing）是以特定产品的经验曲线为基础定价的方法。经验曲线效应意味着累积的生产量越多，特定产品的单位原价就会减少，这种效应可能会定制出比单位原价更低的价格。根据经验曲线效应，如果预计在未来某一时点特定产品的单位原价将低于现价，那么该产品的定价将比竞争企业产品的定价低，将有利于扩大市场占有率。该方法的优点和缺点如下。

（1）优点

① 产品生产的初期阶段比竞争企业的产品定价低，可增大市场占有率。

② 考虑了竞争企业的价格。

（2）缺点

① 当没有正确掌握特定产品的经验曲线时，比单位原价定价低的话，会引起亏损。

② 经验曲线对于事前分析相比更适合于事后分析。

（四）目标中心定价法

目标中心定价法（goal oriented pricing）是以全球性企业在海外市场中追求

的目标而定价的方法。其常用的方法有渗透价格战略和初期高价战略等。

1. 渗透价格战略

渗透价格战略是指使用比竞争企业定价低的策略及方法，也就是我们所说的低价战略。该战略是将价格定低，在短时间内迅速扩大市场占有率。如果使用该战略，虽然在短期内会产生亏损，可从长远看能获取更大的利益。该战略的优点和缺点如下。

（1）优点

① 在短期内可达到在海外市场中占有较高的市场占有率。

② 通过大量生产达到规模经济效果及经验曲线效应的企业，可成功实行该战略。

③ 适用于需求价格弹性高的产品（如消费商品）。

（2）缺点

① 在特定海外市场中，竞争企业以低价销售同性能产品时，该战略成功的可能性很低。

② 规模经济效果及经验曲线效应的企业很难使用该战略。

2. 初期高价战略

初期高价战略是指以海外市场的高收入层为销售对象，在产品进入初期开始以高价销售。一般来说，使用该战略的企业具有选择较小的海外细分市场的趋向。但是市场的规模渐渐变大时竞争企业也随之出现，选择该战略的企业继续使用高价战略具有相当难度时，降价是必然趋势。该战略的优点和缺点如下。

（1）优点

① 新产品开发及进入市场等成本可在短期内收回。

② 对于具有垄断优势的产品是非常有利的战略。

③ 该战略适用于需求的价格弹性低的产品（如奢侈品）。

（2）缺点

① 在特定海外市场中竞争企业能快速生产出对应新产品时，该战略成功可能性低。

② 若不提供与高价位相对应的品质及服务，则该战略失败的可能性很高。

第五节　全球性转移价格的决定

一、全球性转移价格的意义

全球性转移价格是为了总公司与分公司、分公司与分公司间的产品（原材料、零件、半成品、成品）或服务的内部交易而定的价格。特别是总公司、分公司、东道国政府、母国政府及合作投资企业等各种利益关系人对转移价格产品影响。全球性企业制定转移价格时，必须要考虑的因素如下。

（一）租税制度

因为在各个国家，企业的利益上附加的税率各不相同，因此要从全球性的角度考虑节税来制定转移价格。为了节税，企业从税率低的国家争取利益，从税率高的国家降低利益。企业为了调整利益将税率高的国家的子公司的转移价格定高，而将税率低的国家的分公司的转移价格定低。

（二）当地市场情况

分公司的市场占有率、市场成长率及竞争的性质等都是与当地市场有关的因素。如果想让分公司在新市场的市场占有率增大，那么从总公司转移到分公司的转移价格就要定得相对低。

（三）市场不健全性

东道国的价格冻结及利润汇出制度等市场不健全性妨碍着全球性企业将收入从东道国汇出。这种妨碍性的存在可通过转移价格解决。

（四）合作投资企业

全球性企业与东道国企业合作投资设立企业时，要考虑到合作企业的利害关系，再制定转移价格。特别是决定转移价格时，为减少全球性企业的总公司和投资合作企业间的矛盾和纷争，转移产品的价格、数量及销售条件必须在事前约定好。

二、全球性转移价格的定价法

全球性转移价格的制定法可分为市场基准的转移价格制定和非市场基准的转移价格制定两种。

（一）市场基准的转移价格制定

市场基准的转移价格制定中，第三者交易价格即以市场价为基础决定的转移价格。该方法以客观认可的市场价为基准制定转移价格。它不仅能适当地提高总公司和当地子公司的营业绩效，与东道国的租税纷争也可降低到最小。可是东道国不存在特定产品或服务时将很难制定转移价格。

（二）非市场基准的转移价格制定

非市场基准的转移价格制定可分为直接成本转移价、成本加算转移价及协商转移价。

① 直接成本转移价。采用原价为转移价格的定价方法。该方法使收货总公司或当地分公司增益。但是因转移价格定价低，很有可能被进口国家裁定为倾销行为。

② 成本加算转移价。该方法是将直接成本和间接成本都包含在内的转移价格制定方法。即以总成本为基准不附加保金的转移价制定法。

③ 协商转移价。该方法通过总公司和分公司、子公司和子公司间的协商来制定转移价格。一般来说，为减少当地环境因素的影响，如国家之间的税率差异、当地子公司的利润分配、向本国汇款救济、进口关税等，全球性企业普遍偏向于选择协商转移价格。

第六节　本章小结

营销组合的各因素中价格的决定对价值创造产生最直接的影响，并左右全球营销最终的成败。对于全球营销管理者来说，如果价格定得太高，总利润会比价格适当要低，竞争力也会相对减弱。但如果价格定得太低，利润又会随之减少，从而造成经营的困难。一般而言，影响产品定价的因素是多方面的，包括定价目标、成本、市场需求、竞争者的产品等。通常，产品定价的上限取决于市场需求，下限取决于该产品的成本、费用等。

全球营销价格战略的影响因素：① 企业的目标和制作费用。在全球营销中，企业的战略性目标对定价的影响很大。一般来说企业的投资回报率以投资利益率的极大化和维持市场占有率及完成特定的利益指标等为主要目标。② 需求。与成本决定价格的下限相反，需求决定价格的上限。对需求产生影响的因素有购买力、气候、习惯及替代品等，由于这些因素在各国市场有所不同，因此即便同样的产品在不同的市场中定价也会不同。③ 币值波动。在竞争激励的市场环境下，处于强势货币国家的公司经常将国际市场价格稳定在升值前水平，缓冲价格的上涨。针对币值的上涨或下跌，企业必须做出合理的应对。④ 竞争。各国家出现价格差异的另一原因体现为各个国家竞争局面的不同。一方面，各国家存在的竞争者的数量不同。另一方面，各国家存在的竞争本质也不同。⑤ 物流和政府政策。在物流过程中各企业的保证金或各国家的物流距离远近不同，因此不只是最终消费者价格，工厂交货价、出口价等都会受到影响。

在全球市场中定价的高低是大部分市场中消费者决定是否购买的重要因素之一。以渗透市场为目标使用低价战略的情况时常发生。高价战略是无法降价或不适合降价的情况将市场定位为溢价品牌，也不失为另一战略方案。出口价格是指总公司生产的产品向海外市场出口时或当地子公司生产的产品向母国或第三国出口时所定的价格。一般出口价会比国内销售价定位高。其原因为出口价要在国内生产成本上附加上流通费用、运输费、保险费、关税及中间商手续费等。出口价定价方法主要有：成本加利润计价法、利润贡献定价法、经验曲线定价法、目标中心定价法。成本加利润计价法是将制造成本、市场营销成本、研究开发成本、运输成本、保险费、关税及税金等全部核算后加上一定比率的利润定价的方法。利润贡献定价法是将需求函数考虑在内的定价法。这里的利润贡献可视为纯收益。这种方法因彼此的价格都不同，在确认特定产品的需求量后寻求利润最大化的价格。经验曲线定价法是以特定产品的经验曲线为基础定价的方法。目标中心定价法是以全球性企业在海外市场中追求的目标定价的方法。

全球性转移价格是为了总公司与分公司、分公司与分公司间的产品（原材料、零件、半成品、成品）或服务的内部交易而定的价格。特别是总公司、分公司、东道国政府、母国政府及合作投资企业等各种利益关系人对转移价格产品影响。全球性企业决定转移价格时，必须考虑的因素有租税制度、当地市场情况、市场不健全性、合作投资企业。全球性转移价格的制定法可分为市场基准的转移价格制定和非市场基准的转移价格制定两种。市场基准的转移价格制定中，第三者交易价格即以市场价为基础决定的转移价格。该方法以客观认可的市场价为基准制定转移价格。非市场基准的转移价格制定可分为直接成本转移价、成本加算转移价及协商转移价。

思考题

1. 全球营销价格战略的营销因素有哪些？具体内容是什么？
2. 什么是成本加利润计价法？它有哪些优缺点？
3. 什么是目标中心定价法？它有哪些优缺点？
4. 什么是利润贡献定价法？它有哪些优缺点？
5. 什么是经验曲线定价法？它有哪些优缺点？

第七章

全球营销组合策略——分销渠道策略

❶ 全球分销渠道的概念和功能

❷ 全球分销渠道的构造

❸ 全球分销渠道的设计

❹ 全球物流管理

第一节　全球分销渠道的概念和功能

一、分销渠道的概念、职能和类型

（一）分销渠道的概念

一般来说，分销渠道（distribution channel）是联结产品提供者和消费者的桥梁和纽带。分销渠道也称为分配渠道或是销售渠道，是指某种产品或服务在从生产者向消费者或最终使用者转移的过程中，取得这种产品和服务的所有权或帮助所有权的所有企业和个人。一般来说，分销活动是通过生产产品和服务的企业或专业分销商来实现的。分销渠道的概念包含四个关键点：①分销渠道是一系列组织的集合。从生产商开始，产品和服务经过众多的代理商和中间商，最终到达消费者手中，这条路径上的参与者都属于分销渠道的成员。②这一系列组织存在的目的是促使产品和服务顺利被使用或消费。③分销渠道需要得到管理。即使不能实现对外部渠道成员的完全控制，也不能任其自由运作。④通过渠道，产品及产品的所有权、相关信息和风险等一起流向最终消费者。

（二）分销渠道的职能

分销渠道对产品从生产者转移到消费者所必须完成的工作加以组织，其目的在于消除产品（或服务）与使用者之间的分离。分销渠道的主要职能包括以下几方面[①]。

①研究。收集制定计划和进行交换所必需的信息。

②促销。进行关于所供应物品的说服性沟通。

③接洽。寻找可能的购买者并与之进行沟通。

④谈判。为了转移所供物品的所有权，而就其价格及有关条件达成最后协议。

⑤订货。分销渠道成员向制造商进行有购买意图的沟通行为。

⑥配合。使所供应的物品符合购买者需要，包括分类、分等、装配、包装

① 吴健安，郭国庆，钟育赣. 市场营销学［M］. 4版. 北京：高等教育出版社，2011：270.

等活动。

⑦ 物流。组织产品的运输、储存。

⑧ 融资。为补偿渠道工作的成本费用而对资金的取得与支出。

⑨ 风险承担。承担与取得工作有关的全部风险。

⑩ 付款。买方通过银行或其他金融机构向销售者支付账款。

⑪ 所有权转移。所有权从一个组织或个人向其他组织或个人的实际转移。

⑫ 服务。渠道提供的附加服务支持，如信用、交货、安装、修理等。

（三）分销渠道的类型

按照渠道成员结合的紧密程度，分销渠道系统还可以分为传统渠道系统和整合渠道系统[①]。传统分销渠道是指由各自独立的生产者、批发商、零售商和消费者组成的分销渠道。整合渠道系统是指渠道成员通过一体化整合形成的分销渠道系统。具体内容如图7-1所示。

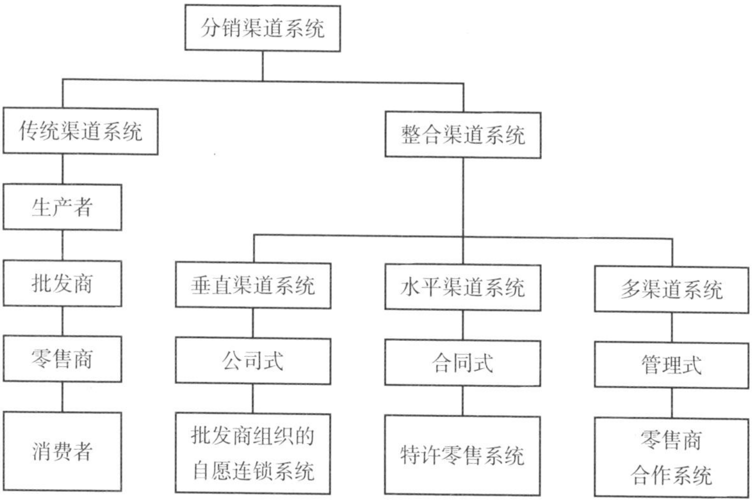

图7-1　分销渠道系统的结构

资料来源：郭国庆，陈凯. 市场营销学［M］. 6版. 北京：中国人民大学出版社，2019：272.

二、全球分销渠道的概念和功能

全球分销渠道（global distribution channel）是指特定企业生产的产品或服

① 郭国庆，陈凯. 市场营销学［M］. 6版. 北京：中国人民大学出版社，2019：271-272.

务在向国外消费者转移的过程中，积极介入并相互依赖的组织和个人的统称。全球分销渠道和国内分销渠道有所不同的是，它是在其他国家里发挥作用的。全球分销渠道实际上发挥着向国外消费者转移产品的功能。由于全球分销渠道具有此种功能，所以企业的市场营销系统也会更有效地得以运营，那么便会使制造商和消费者都能从中获益，达到交易的经济性，取得有效成果。

全球分销渠道的功能具体有以下几点。

① 交易功能：主要担当产品和服务的销售功能及购买机能、交易的经济性机能及协商功能。

② 物流功能：担当仓库保管、库存管理及维持库存、运输等功能。

③ 促销功能：销售以最终消费者为对象的产品或服务。

④ 情报收集功能：主要是把中间商收集的有关顾客、市场及竞争等情报提供给制造商。

⑤ 销售后服务功能：中间商受制造商的委托，担当类似交换、修理及退货等销售后服务的功能。

第二节　全球分销渠道的构造

在现代市场经济条件下，企业活动已渐渐趋近多样化、广阔化，同时随着市场细分化的进行，分销渠道也变得越来越复杂。因为分销渠道随着环境的变化也频繁地、持续地发生变化，所以要想给它规定明确的形态是不容易的。全球分销渠道随销售产品种类的不同而有不同的设计。分销渠道的形态随制造商生产的产品所具有的特性不同而分类不一，大体上可分为消费品分销渠道和产业用品分销渠道两种。一般来说，消费品的分销渠道比产业用品的分销渠道更长而且更复杂些。全球企业根据各个国家的分销情况，对同一种产品可以使用单一分销渠道（single distribution channel）也可以使用复数分销渠道（multiple distribution channel）。另外，全球分销渠道也因各国的历史背景和分销习惯的不同，在实际设计分销渠道时也可以有所差别。下面我们来分析一下消费品和产业用品的分销渠道。

一、消费品的分销渠道

对于消费品分销渠道来说，消费品制造商可以通过直接分销渠道（上门推销）的方式直接把产品或服务销售给顾客，也可通过网购、电视购物、实体店等方式将产品或服务出售给顾客。通常，消费品的分销渠道可分为直接分销渠道和间接分销渠道两种。如图7-2所示，制造商通过本公司的直营代理店向国外消费者销售产品的形式被称为直接分销渠道（direct distribution channel）。也是就通过网络、邮购、访问及直营商店等向国外顾客销售产品的方式。相反，间接分销渠道（indirect distribution channel）是指本国与当地国的中间商介入制造商和国外顾客之间进行销售的方式。也就是针对代理店、中介人、批发商及零售商等在间接分销渠道中介入的中间商而说的。如果分销渠道越长，那么各个中间商所执行的营销机能也就越专业。因为各个中间商只执行自己最擅长且有自信的分销功能，由此而获取的效率性比制造商直接执行分销功能时也会大大增强，也会使最终消费者取得的价格得到降低。一般来说，企业们不是只选择一种分销渠道。对于同一种商品来说，企业更偏好使用两种以上的复数分销渠道，这样可以增大企业的销量和利润。

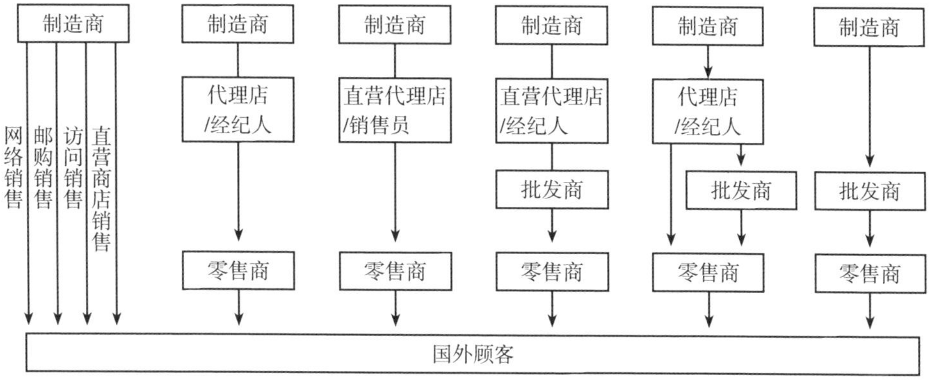

图7-2　消费品的分销渠道

资料来源：조나，장평，형정. 글로벌마케팅［M］.한국： 호남대학교출판부，2012：197.

二、工业品的分销渠道

工业品的分销渠道和消费品的分销渠道不同，它以生产者直接销售给顾客的形式居多。也就是说，工业品制造商通过本公司的销售员直接向工业品使用者销售产品。这是因为工业品具有技术性复杂、单位售价高的特点，所以要求具有专业知识和优良的售后服务。另外，一个重要原因在于工业品市场是由少数的大规模购买者所构成。一般来说，工业品的分销大部分是通过直接分销渠道来实现的，零售商几乎不介入此渠道。和消费品市场的不同之处是工业品市场是由分销商、代理商及批发商等类似的少数大量购买者所构成，因此选择中间商对分销目标的顺利实现起着决定性的影响作用。此外，购买者们往往是按照地理条件而集中在一起的，因此，工业品制造商们通过利用中间商而获取的利润比起消费品制造商们来说微乎其微。工业品的分销渠道如图7-3所示。

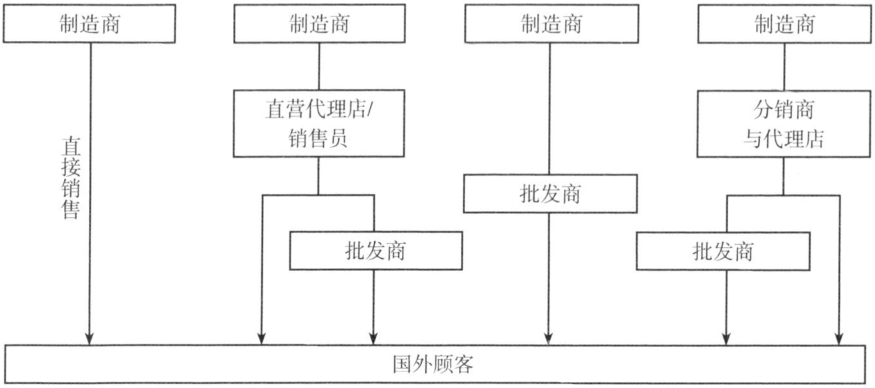

图7-3　工业品的分销渠道

资料来源：조나，장평，형정. 글로벌마케팅［M］.한국： 호남대학교출판부，2012：199.

第三节　全球分销渠道的设计

一、影响分销渠道设计的因素

影响渠道设计的主要因素有顾客特性、产品特性、中间商特性、竞争特性、企业特性和环境特性六个方面①。

（一）顾客特性

渠道设计深受顾客人数、地理分布、购买频率、平均购买数量，以及对不同营销方式的敏感性等因素的影响。当顾客人数多时，生产者倾向于利用每一层次都有许多中间商的长渠道。但购买者人数的重要性又受到地理分布程度的修正。例如：生产者直接销售给集中于同一地区的500名顾客所花的费用，远比

① 郭国庆，陈凯. 市场营销学［M］.6版. 北京：中国人民大学出版社，2019.

销售给分散在500个地区的500名顾客少。购买者的购买方式又会对购买者人数及其地理分布产生影响。如果顾客经常小批量购买，则需采用较长的营销渠道为其供货。因此，少量而频繁的订货，常使得五金器具、烟草、药品等产品的制造商依赖批发商为其销货。相比线下购买，在线购物具有环境通畅的特性，只要网络通畅，在任何时间和任何地点都可以进行购买，在相当程度上弱化了顾客地理分布、购买频率等因素的影响。

（二）产品特性

产品特性也影响渠道选择。易腐坏的产品为了避免拖延及重复处理增加腐坏的风险，通常需要直接营销。那些体积较大的产品（如一些建筑材料、沙子、水泥、钢材等），需要通过生产者到最终用户搬运距离最短、搬运次数最少的渠道来销售。非标准化产品（如顾客定制的机器和专业化商业表格）通常由企业推销员直接销售，这主要是由于不易找到具备相关知识的中间商。需要安装、维修的产品通常由企业自己或授权独家专售特许商来负责销售和保养。单位价值高的商品则应由企业推销人员销售而不通过中间商。

（三）中间商特许

设计渠道时，还必须考虑执行不同任务的营销中间机构的优缺点。例如：由制造商代表与顾客接触，花在顾客身上的成本比较低，因为总成本由若干个顾客共同分摊。但制造商代表对顾客所付出的销售努力则不如中间商的推销员。一般来讲，中间商在物流配送、宣传促销、信用条件、退货特权、人员训练和送货频率方面，都有不同的特点和要求。

（四）竞争特性

生产者的渠道设计还受到竞争者所使用的渠道的影响，因为某些行业的生产者希望在与竞争者相同或相近的经销处与竞争者的产品抗衡。例如：食品生产者就希望其品牌和竞争品牌摆在一起销售。有时，竞争者所使用的营销渠道反倒成为生产者避免使用的渠道。

（五）企业特性

企业特性在渠道选择中扮演着十分重要的角色，主要体现在以下几方面。

① 总体规模。企业的总体规模决定了其市场范围、较大客户的规模及强制

中间商合作的能力。

② 财务能力。企业的财务能力决定了哪些营销职能可由自己执行，哪些应交给中间商执行。

③ 产品组合。企业的产品组合也会影响其渠道类型。企业产品组合越广，则与顾客直接交易的能力越强；产品组合越深，则使用独家专售或选择性代理商就越有利；产品组合的关联性越强，则越应使用性质相同或相似的营销渠道。

④ 渠道经验。企业过去的渠道经验和现行的营销政策也会影响渠道的设计。以前曾通过某种特定类型的中间商销售产品的企业，会逐渐形成渠道偏好。

⑤ 营销政策。现行的营销政策也会影响渠道的设计。例如：对最后购买者提供快速交货服务的政策，会影响到生产者对中间商所执行的职能、最终经销商的数目与存货水平及所采用的运输系统的要求。

（六）环境特性

渠道设计还要受到环境因素的影响。例如：当经济萧条时，生产者都希望采用能使终端顾客以廉价购买的方式将其产品送到市场。这也意味着使用较短（扁平）的渠道，并免除那些会提高产品最终售价却并非必要的服务。

二、全球分销渠道设计的意义

企业选择的分销渠道一旦被决定，那么和市场营销组合不同的是它不能被轻易改变，因为分销渠道对企业其他的所有市场营销意识决定都存在着很重要的影响。在进行市场营销活动时，制造商们往往在构建易控制的分销渠道上下很大的功夫。比起重新构建分销渠道或改变原有分销渠道来说，制造商的全球营销管理者只有选择有效率的分销渠道，才能促进产品的销售，实现企业目标。全球企业在确定进入某海外市场战略之后，企业必须估计什么渠道最合适，选择怎样的渠道方式才能保证企业目标的实现。在企业就建立和发展全球市场上期望的地位进行规划时，必须考虑几方面的内部和外部因素。内部因素包括：① 公司的国际营销战略，含既定的进入战略和公司希望获取的控制权；② 分销策略，主要受市场渗透目标、竞争结构和资金实力的影响；③ 产品复杂程度；④ 公司营销和销售部门的规模和发展。外部因素包括：① 分销体系的特征；② 当地法规；③ 产品生命周期阶段；④ 消费者购买习惯和市场规模；⑤ 竞争态势。在全球营销规划中，渠道策略还必须与公司的竞争地位及在各国市场的营销目标相适应，渠道策略的制定和实施对全球企业在海外市场战略目标的实现很重要。

三、全球分销渠道的过程

全球分销渠道的设计过程如图7-4所示。

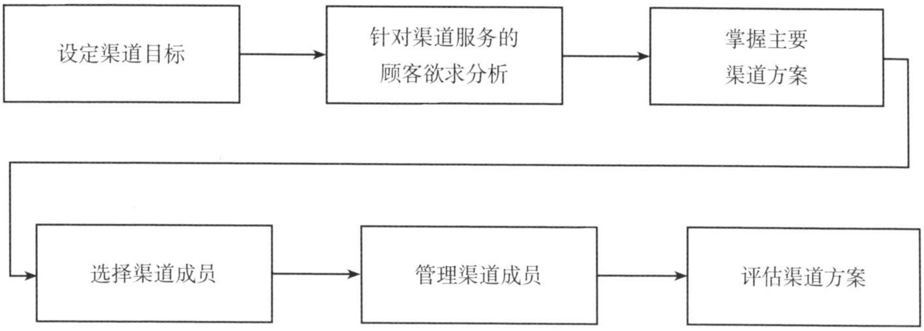

图7-4　全球分销渠道设计过程

（一）设定分销渠道目标

从事全球营销的企业最好把分销渠道及其有关的费用（cost）、控制（control）、担保（coverage）、特性（character）、持续性（continuity）等要素和全球分销渠道策略的目标紧密联系在一起。设定企业的分销目标时，应该留意的是要维持企业市场营销的目标和策略，进一步制定分销及其有关的企业整个长期目标以及有关策略，要维持同一水平的市场营销策略。例如：产品策略或促销策略和维持决定价格目标的互补性。营销渠道的存在目标就是为顾客创造效用。渠道带来的主要效用类型有：地点效用（place utility，产品或服务在潜在顾客方便到达的地点可以得到）、时间效用（time utility，产品或服务在顾客需要时可以得到）、形态效用（form utility，经加工可用的、状态良好的产品，且随时可用）和信息效用（information utility，顾客对产品特征和利益的疑问能够得到解答和沟通）。这些效用可以成为竞争优势的进步来源，并且可以构成企业整体价值的重要组成部分。对于全球性企业来说，由于决定分销渠道对企业活动有着长期的影响，所以全球营销管理者们为了选定有效率的分销渠道，一定要深思熟虑，谨慎小心，有计划地设计分销渠道。此外，构建分销渠道不但需要大量的投资，而且还需要很多分销渠道成员的参加，由此也就会耗费相当大的转换费用。这就要求企业设定分销目标时，一定要和企业的长期目标及各个部门的目标紧密相连，经过再三考虑之后，做出谨慎的决定才行。

（二）针对渠道服务的顾客欲求分析

全球营销管理者们应该尽可能的在渠道方案中选择最能提高收益性、最能有效地传递给目标顾客的渠道方案。为此，制造商实施的分销设计过程第二个阶段是了解目标市场国顾客所希望的渠道服务。为了满足目标市场国顾客的需求，各渠道成员们应该掌握自己要具体提供什么服务才可以。关于顾客的欲求分析，可以从以下几方面入手。

1. 选址的便利性

消费者喜欢在便利的场所购买产品，这样可以减少移动距离和缩减探索费用，超市、便利店就是很好的例子。批发、零售商们在市场内越分散就越能减少顾客的力行距离和产品探求费用，同时也会提高顾客满意度。例如，重视选址便利性的店铺有超市、便利店、药店、自动售货机、加油站等。

2. 最少购买单位

大部分的消费者购买的产品数量和自身能消费的量保持一致。如果目标市场国的消费者们喜好少量购买产品，批发、零售商们应介入制造商和消费者之间，按照目标市场国的消费者们所希望的购买单位标准来执行产品分类的功能。

3. 等待时间

等待时间是指顾客从订购产品以后到收到产品为止所等待的时间。一般来说，消费者喜好短的等待时间。相反，等待时间越长就越会增加消费者的不满。

4. 多种多样的齐全产品

多种多样的齐全产品是指消费者在购买产品的时候，同时希望所购买产品的种类或是某一产品种类里的商标具有多样性，某一商标内的款式、颜色、大小具有多种多样性。如果一种分销渠道所带有的产品品种越多，那么消费者们对于此渠道所提供的服务也就越满意。由此，全球企业们对于那些期待高水平分销服务的顾客来说，应该努力构建能提供各种各样齐全产品的分销渠道，这样才能获取更多的利益。

（三）掌握主要渠道方案

如上所述，分析完针对渠道服务的顾客欲求以后，便进入了开发有效渠道方案的阶段。全球营销管理者要想选定有效率的分销渠道，需要充分考虑渠道标准化的优缺点，然后正确地评估渠道方案。同时还要考虑和研究主要渠道方案的渠道长度（直接分销渠道、间接分销渠道）和中间商的数量。一般来说，在某个国家市场里分销产品时，比起间接分销渠道（长分销渠道）来说，直接分销渠道（短分销渠道）的渠道控制力更大，渠道服务也最优秀。但是，需要认知的是，直接分销渠道需要付出管理组织的费用，而间接分销渠道需要付出和中间商交易时所花费的交易费用。

企业在决定分销渠道的长度时，需要充分考虑企业特性、产品特性、市场特性、竞争者的分销渠道。具备庞大资本和优秀成员的企业即使花费很多的费用也想构建能取得很多利润和能有效控制渠道的直接分销渠道。相反，经营资源不足的中小企业针对产品的销售，因不具备完全控制力，所以只能使用有能力、效率高的中间商。全球营销管理者决定渠道长度时需要考虑具有代表性的产品易腐性（perishability）、复杂性（complexity）、替代率（replacement rate）等产品特性，这些对渠道设计也有影响。例如，对于易腐性高的产品来说，为了实现快速供给产品，分销渠道的长度越短越有益。另外，市场的规模越大，那么为了满足众多消费者的欲求需要各种各样形态的中间商们参与，如此分销渠道的长度越长越有益。最后，企业在决定分销渠道长度时还要考虑竞争者的分销渠道构造。在变幻莫测的环境下，全球性企业尽量采用和竞争者所使用的分销渠道不一样的渠道，从而保持市场竞争力。

（四）选择渠道成员

企业如果决定了最好的渠道方案，那么全球营销管理者根据目标市场的要求，需要选择最能有效提高渠道服务的中间商。一般来说。选择优秀的中间商要根据以下几方面的评估标准来衡量。① 信用能力；② 中间商的活动量和信赖性；③ 销售能力；④ 处理其他产品的种类和特性；⑤ 组织的弹力性和启动力；⑥ 制造商的协力程度等。因为分销商可以为企业代理的产品进行促销，并提供顾客的需求信息和市场竞争信息。对于全球企业来说，选择合适的、好的分销商，可以从本国的贸易部或商务部提供的名单开始，也可从进入国当地商会或贸易部门提供的公司目录里寻找。一个成功优秀的分销商会对产品有个人自身的承诺和保证，不会欺骗或隐瞒消费者。并且作为成功的分销商还应该是在销售产品方面取得成功和优异的业绩，这也意味着它们既能销售出产品也能从中获取利润和收益。此外，企业所选择的分销商不仅可以为企业销售产品或服务，还可以为企业提供顾客的需求信息和市场竞争信息，有助于全球企业开展营销策略和目标的实现。图7-5列举出来选择分销商的标准。

总体条件/挑选条件

经济实力和公司实力
- 财务稳健性
- 为首次销售和随后发展筹资的能力
- 筹措后续资金的能力
- 充分宣传和提供广告资金的能力
- 产品和市场专长
- 维持存货量的能力
- 管理团队的质量
- 目前和过去客户的信誉度
- 制订和实施2–3年营销计划的能力

产品因素
- 财务稳健性
- 产品线的质量和复杂性
- 产品互补性(协同还是冲突?)
- 对产品的熟悉度
- 员工的技术知识水平
- 设备条件
- 专利安全性

营销技巧
- 营销管理的专业技巧和经验
- 完全覆盖各地市场的能力
- 对目标消费者的了解
- 客户服务
- 准时送货
- 销售力量
- 市场份额
- 参加贸易展会
- 加入贸易协会

承诺
- 对销售培训的投资意愿
- 承诺的最低销售目标
- 对制造商产品项目持积极态度
- 对产品的专一度
- 愿意调用广告资源
- 愿意放弃竞争的产品线
- 产品结构的波动性
- 单一供应商所占业务份额
- 愿意保持充足的存货量

促进因素
- 同重要人物(网络)的联系
- 和其他制造商(出口商)的工作经验和工作关系
- 和以前供应商的追踪记录
- 对特定业务的了解
- 政府关系
- 英语熟练程度

图7–5　评估分销商的标准

资料来源：沃伦·J. 基根. 全球营销管理［M］. 张政，译.北京：清华大学出版社，2020：259.

（五）管理渠道成员

全球营销管理者为了使选定的中间商积极努力地销售本公司产品，应该持续不断地激励和鼓舞他们，给他们动力。一般来说，制造商为了取得中间商的协力，采用肯定的激励行动手段（positive motivations）和否定的激励行动手段（negative motivations）两种方法。肯定的激励行动手段包括高利差、价格折扣、支援合作广告、展示资助金等；否定的激励行动手段包括削减利差、延迟产品引渡、结束交易关系等。此外，有的企业通过构建专业的垂直市场营销系统而积极地和中间商形成长期友好的协力关系。企业和中间商一起共同策划营销目标及策略，对销售员进行教育和训练，开展促销活动，这就使得作为垂直市场营销系统的一员更充满自信，为了实现取得更多的利润而努力奋进。

（六）评估渠道方案

企业制订出达成渠道目标的方案后，就要对这些方案进行评估。在评估渠道方案时，要考虑各种各样的很多要素，其中最基本的有经济性、控制力、适应性等。

1. 经济性

制造商选择分销渠道的最大目的是尽可能地增加利润，所以对于经济性的评估也就成了最重要的标准。因每个分销渠道的销售原价和销售利润不一样，所以在这两个方面里都需要选择最有利的销售渠道。

2. 控制力

全球营销管理者应该考虑各个渠道方案所对应的市场营销活动的控制程度如何。如果分销渠道越短，表明和最终顾客的距离也就越短，那么收集情报也就越容易，而且更容易控制中间商。相反，分销渠道长的情况下，第一阶段的中间商对下一个阶段的中间商或顾客所采用的销售政策很难得到控制。

3. 适应性

渠道成员为了共同应对流通环境变化而付出的努力也是评估渠道方案的重要标准。渠道评估里的适应性就是所说的适应市场变化的能力以及能否快速灵活地进行调整以适应环境变化的能力。分销渠道必须具有应对技术革新或其他市场情况变化的能力才行。

第四节　全球物流管理

一、物流的概念与作用

（一）物流的概念

企业所生产的产品能满足消费者的需求和欲望，为了达到购买和销售的目标，企业需要进行有效率、有成果的分销活动。所谓物流是指在制造业或商业里，把最终产品有效地从生产者转移给消费者的诸多活动，也包括从原材料产地开始把原材料转移到生产线的整个活动。此活动包括运输、保管、存货管理、订购处理及提供给消费者的服务等。一般而言，物流的职能是将产品由生产地转移至消费地，从而创造效用，满足消费者的需求。

（二）物流的作用

企业越来越重视物流，主要是由于以下几点原因①。

① 通过改进物流可以为客户提供更好的服务和以更低的价格获得强大的竞争优势。

② 物流水平的提高可以节约企业和顾客的成本付出。物流成本只要降低一小部分就能带来极大的节约。

③ 产品种类的激增也从客观上要求物流管理必须持续改进。信息技术的进步为改善分销效率和物流管理创造了条件。当今企业都在使用完善的供应链管理软件、基于互联网的物流系统、自动销售扫描系统、无线射频识别标签、卫星追踪及订单和支付数据的电子传输。这些技术使得企业可以快速高效地通过供应链来管理产品流、信息流和资金流。

④ 物流比其他任何一种营销职能更能影响环境，更能影响企业为环境可持续发展所付出的努力。运输、仓储、包装等物流功能对企业环境影响最大，同时，它们也是最能节约成本的供应链环节。换言之，绿色供应链是对环境负责、对企业来说也是有利润空间的物流形式。

二、全球物流的概念和职能

全球物流是指制造商生产的特定产品在转移给国外顾客的过程中所经历的订购处理、运输、保管及存货管理等一系列活动。全球物流的效率性对顾客满足和企业的原价起着很重要的影响。在市场营销里，物流的重要性从物流费用在市场营销总费用里所占的比重上便可以知晓。在现今激烈的全球竞争里，高效率的物流管理作为提高产品国际竞争力的一种手段发挥着很重要的作用。图7-6充分显示了物流职能间的相互关联性。

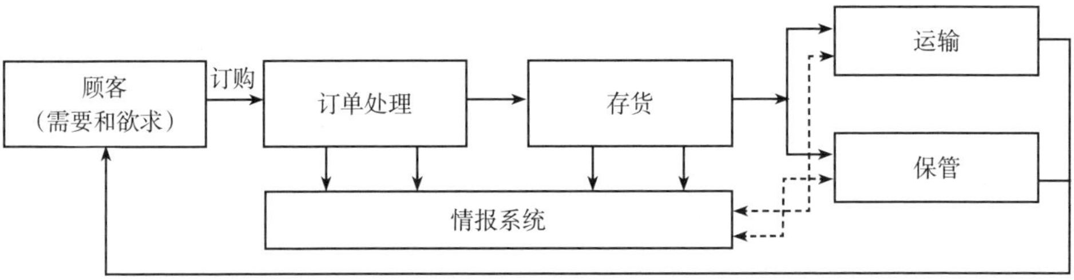

图7-6　物流职能间的关联性

① 郭国庆，陈凯. 市场营销学［M］. 6版. 北京：中国人民大学出版社，2019：282.

三、全球物流的目标

一般来说，物流的目标是把特定的产品以最少的费用适时、适地、适量地提供给消费者或用户，以满足他们的需求。全球物流管理具有提高顾客服务水平、实现物流费用的最小化和提高收益性等目标。但是，要想实现这些目标并不是一件容易的事。要提供最好的顾客服务需要确保更多的库存，使用最好的运输手段，还需要更多的仓库，那么这些都会引致物流费用的上涨。例如：如果增加仓库的数量，虽然运输费用减少了，但是货物转移时所需要的库存费和订购处理费便会增加。相反，如果采用最小的物流费用，势必会依靠使用低廉的运输手段、存储量小的库存、少数的仓库等，不过这样做又会带来顾客服务水平下降等后果。例如：为了节省费用而使用陆路运输的情况，因为如果收货时间变长，会使希望快速送货的顾客感到不满从而影响服务水平。因此，全球营销管理者们要仔细考虑是把重点放在提高顾客服务上，还是放在节省物流费用上，而且还需要预防在实行物流活动时所引发的系统事故等。全球企业通过物流和物流管理整合了公司价值链中的所有公司的活动，以确保商品在供应链中高效地流动。最重要的分销活动是订单处理、仓储、存货管理和运输。表7-1列举了美国/欧盟及巴西、俄罗斯、印度、中国四国的供应商情况及基础设施物流情况。具体内容如下。

表7-1　美国/欧盟和金砖四国的比较

国家	供应商基地和基础设施/物流
美国/欧盟	众多公司利用本国和国际供应商，不搞垂直整合，而是外包或把制造和服务基地转移到海外。高度发达的基础设施已经到位，但城市已饱和
巴西	南方共同市场区域有不少供应商，也有一个高速公路、机场和港口网络，电脑港口拥堵是一个长久的问题。海关清关平均需要8天。总体运费比国际平均运费高20%
俄罗斯	公司可以从当地供应商购得简单的零部件。如同巴西，海关清关平均需要8天。其欧洲区域具备足够的物流网络，但是其余地方还不发达
印度	虽有供应商，但各家的品质和可靠性相差很大。海关清关平均会超过两周时间，比巴西和俄罗斯还长；运输基础设施条件差。卡车运输速度因收费站和税收检查站的检查而减慢；全国高速公路网的交通拥堵也妨碍了车速。港口和机场不够发达。经常停电。政府已拨出5亿美元用于改善基础设施
中国	许多供应商具有强大的制造产能，但具有先进技术能力的较少。公路网已很发达，港口设施也很先进，然而运输/分销成本较高。缺少冷藏车、集装箱货车和仓库网络把农场和杂货零售店连接起来

资料来源：沃伦·J. 基根，马克·C. 格林. 全球营销［M］. 傅慧芬，戚永翎，史锐，译. 6版. 北京：中国人民大学出版社，2015：373.

四、全球物流的主要功能

（一）运输功能

运输（transportation）是指利用各种运输手段给国外顾客转达某特定产品的活动。一般来说，运输手段有铁路、卡车、水运、航空、管道运输5种方式。此外，还有很多其他形态的运输手段在产品的移动、运输上起着重要的作用。运输作为物流的核心要素与保管、卸货、包装、情报等有着密切的联系。这些非运输要素对运输和送货的顺利进行起着协调、辅助的作用。运输方式的选择与运输货物的种类是密切相关的。例如：对于大容量的商品（煤炭、沙子、农产品等）进行远距离移动时，最有效率的运输方式是铁路运输。此外，对于高价的精密品或需要保持新鲜度的商品来说，选择空运是最合适的。还有，对于大容量、低价值、不易腐烂的商品（矿石、石油、谷物等）来说，运输时选择水运反而是最廉价的运输手段。

（二）保管功能

保管（storage）是指中间商或保管商在实现把特定产品销售给国外客户之前，将其存放于仓库或特殊保管设施里，在特定时期内对这些物品进行保存、管理的活动。由于生产和消费的时期不相符，所以需要这样的保管功能。关于产品的保管最重要的是决定适当仓库数量的问题。对于企业来说，可以选择使用个人仓库（private warehouses），也可以选择使用租赁仓库（public warehouses）。使用个人仓库，对保管商品可以进行彻底、透明的管理和控制。相反，如果使用租赁仓库的话，需要大量资金，而且还具有不容易改变保管地点的缺点。此外，企业不仅使用个人仓库、租赁仓库，还可以使用储存仓库（storage warehouses）或物流中心（distribution center）。一般来说，储存仓库是为了中、长期商品的储存而活用。比起储存商品来说，物流中心则是为了促进和加速商品的多样化、运输、送货等而特殊研制的，具有送货设施的特殊仓库。

（三）库存功能

库存管理是指全球企业和中间商在把特定产品销售给国外顾客之前，计划和控制产品适当持有量的活动。全球营销管理者为了及时应对顾客的需求，需要维持充足的库存。但是，随着库存水平的增加，虽然提高了对顾客的服务水平，不过会使费用增加。库存费用由库存维持费、订购费和库存不足费三部分构成。

① 库存维持费：指在某固定时间内维持同一产品所需的费用，包括盗窃保险费、仓库使用费、财产税等。

② 订购费：指为确保库存量而要求的订购处理费、发货费及货物处理费等及其有关费用。

③ 库存不足费：指比起订购量来说库存量少的时候所发生的机会费用。

第五节　本章小结

分销渠道对产品从生产者转移到消费者所必须完成的工作加以组织，其目的在于消除产品（或服务）与使用者之间的距离。分销渠道的主要职能包括研究、促销、接洽、谈判、订货、配合、物流、融资、风险承担、付款、所有权转移和服务。

全球分销渠道是指特定企业生产的产品或服务在向国外消费者转移的过程中，积极介入并相互依赖的组织和个人的统称。全球分销渠道实际上起着向国外消费者转移产品的功能。全球分销渠道的功能具体有：① 交易功能：主要担当产品和服务的销售功能及购买机能、交易的经济性机能及协商功能。② 物流功能：担当仓库保管、库存管理及维持库存、运输等功能。③ 促销功能：销售以最终消费者为对象的产品或服务。④ 情报收集功能：主要是把中间商收集的有关顾客、市场及竞争等情报提供给制造商。⑤ 销售后服务功能：中间商受制造商的委托，担当类似交换、修理及退货等销售后服务的功能。

分销渠道的形态随制造商生产的产品所具有的特性而分类不一，大体上可分为消费品分销渠道和产业用品分销渠道两种。对于消费品分销渠道来说，消费品制造商可以通过直接分销渠道（上门推销）的方式直接把产品或服务销售给顾客，也可通过网购、电视购物、实体店等方式将产品或服务出售给顾客。通常消费品的分销渠道一般可分为直接分销渠道和间接分销渠道两种。制造商通过本公司的直营代理店向国外消费者销售产品的形式被称为直接分销渠道。相反，间接分销渠道是指本国与当地国的中间商介入制造商和国外顾客之间进行销售的方式。工业品的分销渠道和消费品的分销渠道不同，它是以生产者直接销售给顾客的形式居多。

影响渠道设计的主要因素有顾客特性、产品特性、中间商特性、竞争特性、企业特性和环境特性六个方面。全球分销渠道的设计过程包括设定分销渠道目标、针对渠道服务的顾客欲求分析、掌握主要渠道方案、选择渠道成员、管理渠道成员、评估渠道方案六个步骤。

全球物流是指制造商生产的特定产品在转移给国外顾客的过程中所经历的订购处理、运输、保管及存货管理等一系列活动。全球物流管理具有提高顾客服务水平，实现物流费用的最小化和提高收益性等目标。全球物流的主要功能有运输功能、保管功能和库存功能。运输是指利用各种运输手段给国外顾客转达某特定产品的活动。保管是指中间商或保管商在实现把特定产品销售给国外客户之前，将其存放于仓库或特殊保管设施里，在特定时期内对这些物品进行保管、管理的活动。库存管理是指全球企业和中间商在把特定产品销售给国外顾客之前，计划和控制产品适当持有量的活动。

思考题

1. 什么是全球分销渠道？它具有哪些功能？
2. 消费者的分销渠道和工业品的分销渠道各是什么？请举例加以说明。
3. 全球分销渠道过程有哪些？
4. 在评估渠道方案时需要考虑哪些因素？为什么？
5. 什么是全球物流？它的目标是什么？它有哪些主要功能？

第八章

全球营销组合策略——促销策略

❶ 全球促销的概念及沟通过程

❷ 全球广告策略

❸ 全球人员销售

❹ 其他全球促销方式

第一节 全球促销的概念及沟通过程

一、促销与全球促销

促销是促进产品销售的简称。一般来说，促销是企业通过人员和非人员的方式，促进与消费者之间的沟通，提升品牌形象，刺激和吸引消费者对本企业的产品或服务产生需求和欲望并使其产生购买行为的活动。从促销的概念中可以看出，促销具有以下几层含义[①]。

① 促销工作的实质与核心是沟通信息。企业与消费者之间达成交易的基本条件是信息沟通。若企业未将自己生产或经营的产品和劳务等有关信息传递给消费者，那么，消费者对此将一无所知，自然谈不上认购。只有将企业提供的产品或劳务等信息传递给消费者，才能引起消费者注意，并有可能产生购买欲望。

② 促销的目的是提升品牌形象、引发、刺激消费者产生购买欲望。在消费者可支配收入既定的条件下，消费者是否产生购买行为主要取决于消费者的购买欲望，而消费者购买欲望又与外界的刺激、诱导密不可分。促销正是针对这一特点，通过各种传播方式把产品或劳务等有关信息传递给消费者，以激发其购买欲望，使其产生购买行为。

③ 促销的方式有人员促销和非人员促销两类。人员促销，亦称直接促销或人员推销，是企业运用推销人员向推销对象推销商品或服务的一种促销活动，它主要适合于在消费者数量少、比较集中的情况下进行促销。非人员促销，又称间接促销或非人员推销，是企业通过一定的媒体传递产品或劳务等有关信息，以促使消费者产生购买欲望、发生购买行为的一系列促销活动，包括广告、公关和销售促进、直复营销等。它适合于消费者数量比较分散的情况下进行促销。通常，企业在促销活动中将人员促销和非人员促销结合运用。

全球促销也称为全球沟通，是指全球企业为了诱导国外顾客们购买其生产的产品或服务，积极地提供本公司的产品或服务信息，说服潜在和实际消费者，并以影响他们的想法、态度及行动为目的而实行的一系列市场营销活动。

---

① 吴健安，郭国庆，钟育赣. 市场营销学［M］. 4版. 北京：高等教育出版社，2011：295-296.

具体来说，促销方式有以国外顾客及听众为对象的广告人员销售、销售促进、宣传、直销及公共关系等。

二、全球促销的沟通过程

全球促销要经过以下沟通过程，如图8-1所示。下面是有关沟通过程的具体构成要素。

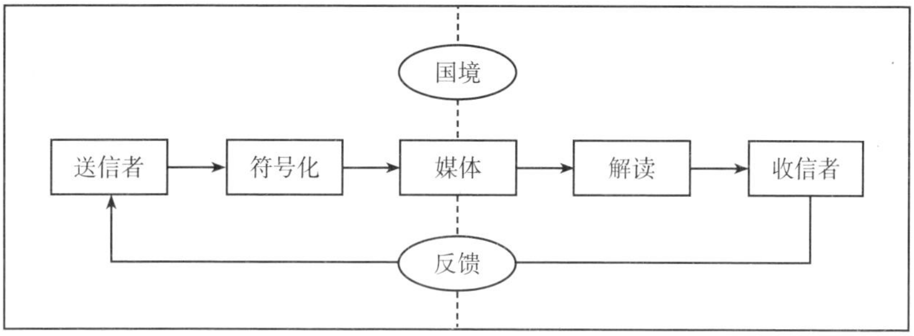

图8-1　全球沟通的过程

（一）送信者（sender）

送信者是指给收信者（国外顾客）传送信息的全球企业，是沟通过程的出发点。送信者所制成的信息被看成是送信的主题。企业在制成信息的过程里，为了吸引消费者的关心、注意，往往利用一些消费者们喜欢的有名人士、歌手、电影演员等来传递信息。

（二）符号化（encoding）

符号化是指送信者使用精妙的技巧语言、图案、影响、符号等，将此组成信息传递给收信者的过程。也就是说，送信者所传达的信息是由视觉的、听觉的、语言及非语言符号及标志转换而来的，如特定产品的广告制作等。

（三）媒体

送信者要传递的符号化信息是由电视、广播等传播媒体、报纸、杂志等印刷媒体和通过户外广告牌、口传等方式传达给收信者的。

（四）解读

解读是指收信者理解、领会送信者所传递的符号化信息过程。效率的沟通是指收信者能按送信者的意愿领会信息的意思。但是，事实上，送信者的意图不能顺利地传递给收信者的情况占多数。

（五）收信者（receiver）

收信者是指接收全球企业所传送信息的国外顾客和听众，他们对信息会表现出不同的反应。这种反应往往会在购买行为或态度及其转变中体现出来。在市场营销里，主要的收信者就是消费者。根据消费者们的性别、年龄、教育水平、收入、生活方式等的不同，消费者们所积累的经验领域也有所不同，所以企业只有分辨出要沟通的目标顾客才是最有效的。

（六）反馈（feedback）

反馈是指收信者的反应传达给送信者的过程。送信者的信息如果没有被收信者好好认知或剖析、领会，送信者要针对所传达的信息进行修改和补充，然后经过反馈再传递给收信者。反馈虽然一般是通过收信者自发地将意见转达给送信者而实现的，不过作为送信者的企业，通过调查消费者的反应，反馈也可以得到实现。

第二节　全球广告策略

一、广告与广告的种类

（一）广告的概念

广告（advertising）也就是广而告之，就是向社会公众告知某些事物。广告作为一种传递信息的活动，是企业在促销中普遍重视的、应用最广的促销方式。它是广告主以促进销售为目的，付出一定的费用，通过特定的媒体传播商品或劳务等有关经济信息的大众传播活动。广告作为大众的沟通手段能使很多人在短暂的时间内接近它，而且具有顾客单位促进费用便宜的优点。不过相反，广告还具有因所传达的信息情报容量有限而不能对顾客实行个性化的缺点。对大多数企业来说，广告是传统上企业与目标大众沟通的主要手段，而其他传播方式（如销售促进、公共关系等）常常是支持和补充广告计划的非持续性手段。

（二）广告的种类

根据不同的划分标准，广告有不同的种类，具体内容如下[①]。

① 根据广告目标，商品广告分为三种类型。一是开拓性广告，亦称报道性广告；二是劝告性广告，又叫竞争性广告；三是提醒性广告，也叫备忘性广告或加强性广告。

② 根据广告传播的区域来划分，可将广告分为国际性广告、全国性广告和地区性广告。

③ 根据广告的表现形式划分，可分为图片广告、文字广告和声像广告。

④ 按照广告的媒体不同，可分为报纸广告、杂志广告、广播广告、电视广告、互联网广告、邮寄广告、基于地点的广告、附着在产品上的广告等。

（三）广告媒体的特性

广告媒体也称广告媒介，是广告主与广告接受者之间的连接物质、手段、方式。它是广告宣传必不可少的物质条件。主要媒体有新闻、报纸、杂志、广播、电视、户外广告、网络及其他各类媒体等。企业的媒体计划人员在选择媒体种类时，需要了解各媒体的特性，根据企业的目标选择合适的媒体，广告媒体的特性主要包括以下几方面的内容[②]。

① 报纸的优点是弹性大、及时，对当地市场的覆盖率高，易被接受和信任；其缺点是时效短，转阅读者少。

② 杂志的优点是可选择适当的地区和对象，可靠且有名气，时效长，转阅读者多；其缺点是广告购买前置时间长，有些发行量是无效的。

③ 广播的优点是大量使用、可选择适当的地区和对象，成本低；其缺点是仅有音响效果，不如电视吸引人，播放瞬间即逝。

④ 电视的优点是视、听、动作紧密结合且引人注意，送达率高；其缺点是绝对成本高，播放瞬间即逝，对观众无选择性。

⑤ 直接邮寄的优点是沟通对象已经过选择，而且媒体形式灵活；其缺点是成本比较高，容易造成滥寄的现象。

⑥ 户外广告的优点是比较灵活，播放重复性强，成本低、竞争少；其缺点

---

① 吴健安，郭国庆，钟育赣. 市场营销学［M］. 4版.北京：高等教育出版社，2011：303.

② 郭国庆，陈凯. 市场营销学［M］. 6版. 北京：中国人民大学出版社，2019：308-309.

是不能选择对象，创造力受到局限等。

⑦ 互联网广告的优点是非强迫性、交互性、实时性、广泛性、经济性，形式多样；缺点是广告位置有限，创意设计空间和能力受局限，受众情况难以统计调研，网民对互联网广告的反感增加等。

二、全球广告的意义

全球广告（global advertising）是指以该国的TV、广播、新闻、杂志等大众媒体为中心所进行的以广大消费者为对象的大众传播活动。全球企业通过全球广告活动为企业提供广告的规模经济效益，同时也使企业更容易进入分销渠道。企业在传达所生产产品的信息时，虽然还存有一定的局限，不过在现今情报通信时代通过利用邮件而进行的一对一连接方法反而是非常有效的。全球广告的目标是通过利用大众媒体（TV、广播、新闻、杂志等）在全球市场里尽可能地向众多潜在顾客最大限度地宣传本公司、公司产品和公司品牌，从而满足顾客的需要。表8-1展示了不同国家的广告风格。

表8-1　不同国家的广告风格

国家	广告风格
中国	教育性，强调质量、传统、地位和尊重
法国	象征性、感性、幽默
德国	逻辑、证明、传统、物有所值、权威
意大利	情感、生活方式、使用明星、戏剧性
日本	间接诉求、软广告、娱乐性、情绪、象征性
西班牙	间接诉求、理想主义、愉悦
荷兰	娱乐性、现实主义、庄重
英国	展示性、幽默、微妙、证明、展示社会等级差异
美国	讲课式、直接诉求、硬广告、争辩式

资料来源：伊兰·阿隆，尤金·贾菲，多娜塔·维亚内利. 全球营销［M］. 郭晓凌，龚诗阳，译. 北京：中国人民大学出版社，2016：328.

三、全球广告管理过程

为了有效地增加全球广告的效果，广告需要经过系统的过程并对其进行有效的管理才行。一般来说，全球广告管理的过程可以分为设定全球广告目标、决定全球广告预算、选定全球广告代理公司、设计全球广告信息、选定全球广告媒体及评估全球广告效果六个阶段。图8-2显示出全球广告管理的具体过程。

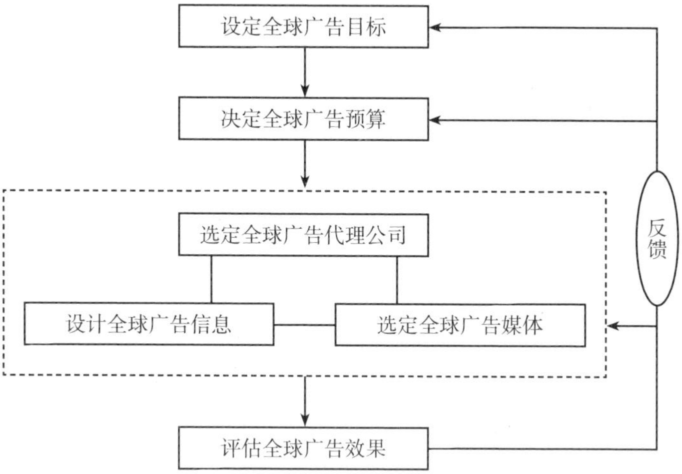

图8-2　全球广告管理的过程

（一）设定全球广告目标

为了有效地实行全球广告一定要设定广告目标。全球营销管理者要决定广告应该履行的作用是什么，因而决定广告信息和目标大众。全球广告的目标大致上分为全球化目标和地域化目标两种。不管是哪种目标都是为了提供整体方针和控制指针从而成为计量的目标，这一点全球营销管理者们一定要充分认识才可以。比起在当地国范围内设定的目标来说，既要具体又要符合个别市场的测定可能性。一般来说，典型的目标能增加知名度、改善形象、增加特定市场的市场占有率等，不过无论选择哪种目标一定要对其能测定才行。

（二）决定全球广告预算

全球企业广告目标确定后，企业就可对要制作广告的产品或服务设定广告预算。广告的作用是刺激产品需求从而达成企业的销售目标，因此要支出所需要的费用。广告的预算和广告目的、媒体及信息等有关。虽然为了达成合理的目标而制定预算，不过由于资源的制约或有限往往不能实现的情况 也很多。因此，全球营销管理者们要考虑广告费支出规模，决定广告预算方法和各个国家广告预算的分配方法等，从而决定广告预算，这才是最有效的。一般来说，确定广告预算的方法有量力而行法、销售百分比法、竞争对等法、目标任务法四种。

（三）选定全球广告代理公司

全球企业制定广告预算以后便进入了选择广告代理公司的阶段。广告代理公司（advertising agency）是指代替广告主制作广告的企业。全球企业以国外市场为对象，想要有效果地实施全球广告，选择恰当的广告代理公司是非常重要的。全球企业能利用的广告代理公司有本国的广告代理公司、国外市场内现有的当地广告代理公司及全球广告代理公司。企业随着全球化的进行和全球产品的扩散，利用全球广告代理公司有以下优点。

① 能充分预防广告制作及有关活动的重复，从而节省经费。

② 广告的调整和控制很容易。

③ 对提高全球形象有很大帮助。

（四）设计全球广告信息

信息是全球广告里沟通过程的最重要因素，而广告则是为了达成企业自身目的而研制出的符号的集合。全球广告信息（global advertising message）是指全球企业给国外顾客和目标大众所使用的以促进本公司产品或服务销售为目的的诉求点（appeal point）、主题及构想等。全球企业要研究、开发能树立本企业形象和产品差别化形象的信息才能战胜竞争企业。影响全球广告信息制作的主要因素有各国消费者的特性、购买动机的相似性、语言的多样化、产品有关规定、各市场经济发展阶段、文化、生活方式等。

（五）选定全球广告媒体

全球企业决定好广告信息后便进入了选择在各国使用广告媒体的阶段。企业的媒体设计人员在选择全球广告里所使用的媒体时，需考虑当地国市场媒体获得可能性、产品特性、目标沟通对象的媒体习惯、信息类型等。一般来说，具有代表性的印刷媒体有新闻和杂志，广播媒体有电视和收音机。最近情报通信时代里，随着因特网的普及和急速扩散，企业越来越多地开始使用网络广告。全球营销管理者在选定媒体时最困难的是每个国家的媒体基础设施都存在很大的差异。因此，企业要求 仔细检查各市场的媒体使用可能性、费用及其市场整体范围等有关媒体基础设施的差异。

（六）评估全球广告效果

企业之所以使用广告，其主要目的在于提高产品知名度、转换消费者的态度、增加销售额、树立企业美好形象等。企业对全球广告投入巨大费用，理所当然也要对其费用效果进行评估。为了更好地评估全球广告效果，企业应对广告进行沟通效果测定和销售效果测定。沟通效果测定是了解通过广告宣传本公司的产品对消费者的认知、态度、嗜好的影响程度，销售效果测定是了解广告对产品的销售额影响程度。

第三节　全球人员销售

一、人员推销的概念及优点

（一）人员推销的概念

人员销售（personal selling）也称为人员推销，是实现推动潜在顾客购买的有效方法，它是企业运用推销人员直接向顾客推销商品和服务的一种促销活动，它具有独特的一面。此外，人员销售还是卖方通过和预想购买者直接见面，传递情报而促进工业用品特别是高价产品销售的最有效促销手段。广告是给顾客提供产品和服务的有关情报，只是一般的意识传达手段。相反，人员销售是通过推销人员与推销对象之间的接触、洽谈，让推销对象购买推销品，达成交易，实现既销售产品又满足顾客需求的目的，它是双方向的意识传达手段。人员推销是一种传统的促销方式，在推销过程中，销售人员要确认购买者的需求，并通过自己的努力去吸引和满足购买者的各种需求，使双方能从公平交易中获取各自的利益。大部分的企业通过建立自己企业的销售队伍，培养优秀推销人员来推销自己企业的产品或服务，从而赢得更多的收益。

（二）人员推销的优点

对于消费者来说销售人员代表着企业的形象，是企业的象征。销售人员通过推销活动能从消费者那里获取很多对企业发展有利的信息和资料。可以说，销售人员既是企业的资源和财富，又是一项重要的企业投资。人员推销具有广告和宣传等其他促销形式所无法比拟的优势或优点，主要包括以下几方面内容[①]。

① 人员推销注重人际关系，有利于顾客同销售人员之间建立友谊。销售人员既代表着企业利益，也代表着顾客利益。他们一般都知道，满足顾客需要是保证销售达成的关键，因此，销售人员总愿意在许多方面为顾客提供服务，帮助他们解决问题。同时，在面对面的交谈过程中，销售人员与顾客既可以谈论商品买卖问题，也可以谈及家庭、社交等其他问题，久而久之，双方极有可能建立起友谊。

② 人员推销具有较大的灵活性。销售人员在访问推销过程中可以亲眼观察到顾客对推销陈述和推销方法的反应，并揣摩其购买心理变化过程，因而能立即根据顾客情绪及心理的变化酌情改进推销陈述和推销方法，以适应各个顾客的行为和需要，促进最终交易的达成。

③ 人员推销与广告相比，针对性强，无效劳动较少。广告所面对的受众十分广泛，其中有些根本不可能成为企业的顾客，所以，企业做广告所花的钱，有一部分是白花的。而销售人员访问顾客总是带有一定的倾向性，目标较为明确，往往可以直达其顾客，因而耗费无效劳动较少。

④ 人员推销在大多数情况下能实现潜在交换，达成实际销售。访问推销可以占“见面三分情”的情面便利，顾客感到有必要倾听，注意销售人员的宣传并做出反应。一般地，如果顾客确实存在对所推销商品的需要，那么，销售人员运用推销艺术肯定能使交易达成。

⑤ 人员推销有利于企业了解市场，提高决策水平。销售人员承担工厂“信息员”和“顾问”的双重角色。由于人员推销是一个双向沟通的过程，因此，销售人员在向顾客提高服务和信息的同时，也为企业收集到可靠的市场信息。另外，销售人员处于第一线，经常直接和顾客打交道，他们最了解市场状况和顾客的反映，因而也最有资格为企业的营销决策提供建议和意见。

⑥ 人员推销经常用于竞争激烈的情况，也适用于推销那些价格昂贵和性能负责的商品。对于专业性很强也很复杂的商品，仅仅靠一般的广告宣传是无法促使潜在顾客购买的，企业只有派出训练有素的推销员为顾客展示、操作商品，并解答其疑难问题，才能达成销售。

---

① 郭国庆，陈凯. 市场营销学［M］. 6版. 北京：中国人民大学出版社，2019.

二、全球人员销售的概念及意义

全球人员销售（global personal selling）是指在国外市场里，销售人员直接和目标顾客接触、洽谈、诱导、劝说目标顾客购买本公司的产品或服务的一种促销活动。全球人员销售和全球广告都是全球市场营销的重要沟通手段。全球性企业里，本公司对大部分人员销售的介入程度有所不同，一般依靠分公司来执行。推销人员的主要任务是准确地理解购买者的欲求并积极推销符合购买者欲求的公司产品，诱导、劝说购买者购买本公司的产品或服务。全球人员销售的最大优点是通过推销人员和国外顾客之间顺畅、有效的沟通，能充分地给国外顾客提供他们所需要的情报。相反，全球人员推销具有推销人员要逐一个别地和国外顾客接触、洽谈的特性，所以它所需的促进费用是相当高的。

三、全球人员销售的优缺点

人员销售是企业对本公司的产品或服务进行市场营销活动时所使用的沟通手段。人员销售是通过销售员和顾客间的双向沟通来提供情报或说服顾客购买产品的促销活动，它与广告及其类似的非人员沟通手段有很大的区别，它具有自己的特性。人员销售与非人员销售相比，既有优点又有缺点，具体表现如下。

（一）全球人员销售的优点

① 人员销售作为一种信息传递形式，具有双向性。它是通过推销人员和顾客的双向沟通，能有效地应对顾客的特定欲求和态度。

② 能充分地给个别顾客提供所需要的服务和情报。

③ 人员销售是在销售行为的当时就可以结束。也就是说，它是继广告播出以后阶段里所使用的一种有效的促销手段。

④ 人员销售可以帮助企业从顾客那里获取、收集有用的情报，能及时了解顾客对本企业产品或服务的评价，通过收集、反馈信息，可以为企业制订合理的营销策略提供依据。

（二）全球人员销售的缺点

① 全球推销人员只可能接近那些规定的、有限数量的顾客，很难和众多顾客进行沟通。

② 全球推销人员对限定数量的顾客进行一对一的集中式接触，比起利用大

众媒体，广范围沟通的广告来说，所需费用更多，支出也较大。

③ 对推销人员的要求较高，推销人员除了应具备营销才能外，还必须熟悉产品的使用方法、特点、保养、维修等知识与技术。所以，对于很多企业来说，要确保和造就理想的推销人员是比较困难的。

四、推销人员的教育培训及奖励

由于人员销售活动是通过和潜在顾客的双方向交流来提高产品或服务的有关信息和形成友好的关系，所以企业不光向顾客宣传介绍推销产品或服务，另外通过推销人员与顾客之间的见面、长期接触，也可以促使买卖双方建立友谊，推近企业与顾客之间的关系。此外通过和市场的关系来收集市场情报等，人员销售活动具有多方面的功能。推销人员主要在产品试销、分析顾客欲求、设计产品方面负责决定合理设备、接受订单等业务。全球企业为了造就优秀的推销人员不仅需要经过选拔、培训，还要经过动机激励、指挥、控制的人事管理过程，这样推销人员才能顺利上岗。

企业在全球市场里为了成功地进行销售，需要选拔对该国家的文化、风俗、习惯及语言都熟知的具有卓越能力的推销人员，并对其进行持续的培训和管理。此外，企业为了鼓励销售人员和提高销售业绩还应该具有合理的奖励制度。当然，也应该给派遣到国外市场的推销人员支付超额补贴。例如，应该减免有关住房和子女教育、所得税、生活费配备符合当地国社会地位的交通工具（如汽车等）或雇佣专职司机等所需要的诸多费用。

第四节　其他全球促销方式

一、全球销售促进

（一）销售促进的概念及特点

销售促进又称营业推广，是指以最终消费者和中间商为对象，企业运用各种短期诱引鼓励消费者和中间商购买、经销企业特定产品或服务的促销活动。如博览会、国家展示会、价格折扣赠券、赠品、数量折扣等。我国学者王永贵在《市场营销》中把销售促进分为消费者导向促销和交易导向促销两大类。具体内容如图8-3所示。

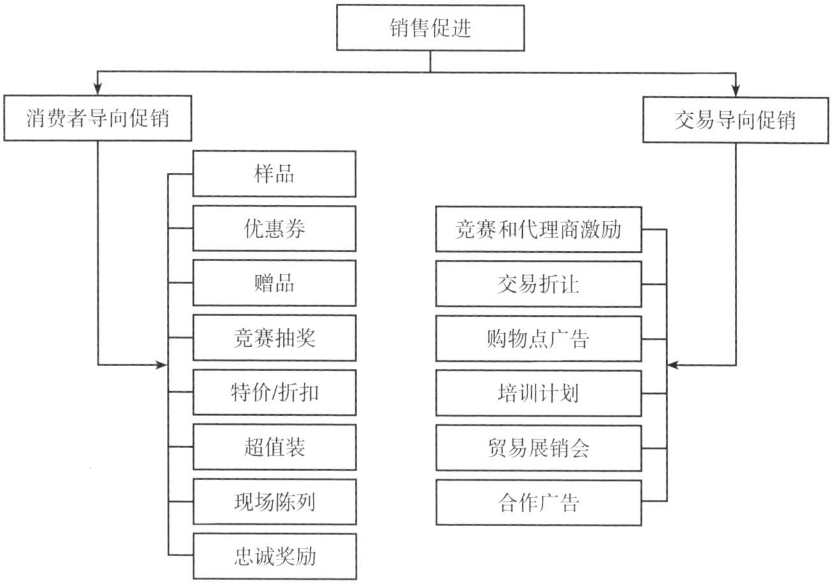

图8-3　销售促进的分类

资料来源：王永贵. 市场营销［M］. 北京：中国人民大学出版社，2019：314.

概括来说，销售促进有如下特点[①]。

① 销售促进的即期促销效果显著。在开展销售促进活动中，可选用的方式多种多样。一般来说，只要能选择合理的销售促进方式，就会很快地收到明显的增销效果，而不像广告和公共关系那样需要一个较长的时期才能见效。因此，销售促进适合于在一定时期、一定任务的短期性的促销活动中使用。

② 销售促进是一种辅助性促销方式。人员推销、广告和公共关系都是常规性的促销方式，而多数销售促进方式则是非经常性的。正因为销售促进有贬低产品或品牌之意，使得它只能是一种辅助促销方式、补充方式。也就是说，使用销售促进方式开展促销活动，虽能在短期内取得明显的效果，但它一般不能经常使用，也不宜单独使用，常常配合其他促销方式使用。销售促进方式的运用能使与其配合的促销方式更好地发挥作用。

③ 销售促进具有两个相互矛盾的特征：一方面是强烈的呈现，似乎告诉顾客“机会难得、时不再来”，进而能打破消费者需求动机的衰变和购买行为的惰性。另一方面是产品或品牌贬低，销售促进的一些做法也是使顾客认为卖者急于抛售，如果频繁使用或使用不当，顾客会怀疑产品的质量、价格，进而折损

① 吴健安，郭国庆，钟育赣. 市场营销学［M］. 4版. 北京：高等教育出版社，2011：313-314.

品牌形象。

(二) 全球销售促进的概念

全球销售促进(global sales promotion)是指为了强烈地刺激国外顾客的购买意识而提供短期的诱引，是指广告、人员销售、公共关系等以外的促销活动。因为销售促进是一种辅助性促销方式，所以企业为了进行有效果的全球销售促进活动，销售促进一般不单独使用，常常配合其他促销方式一起使用，这样才能发挥更好的作用。全球销售促进按其对象的不同，可分为当地分销商销售促进(dealer sales promotion)和消费者销售促进(consumer sales promotion)两种方式。

(三) 推动策略和拉引策略

分销商销售促进是以国外的中间商和分销商为对象实施的促销活动。企业以中间商为主要促销对象采用刺激、促进分销商积极经销本企业产品从而将产品有效及时地销售给消费者的策略，对此又称为推动策略(push strategy)。以最终消费者为对象的销售促进通过广告、营业推广等促销手段直接向消费者推介使其指名购买本公司产品的推销手法。因为企业直接向消费者推销，促进产品销售，因此在这些消费者之间自然而然地形成了对产品的需要，从而使其自发地向分销商购买此产品的诱导策略，对此又称为拉引策略(pull strategy)。拉引策略常见的方法有广告信函、宣传单、代销、试销等。图8-4出示了两种策略的具体过程。

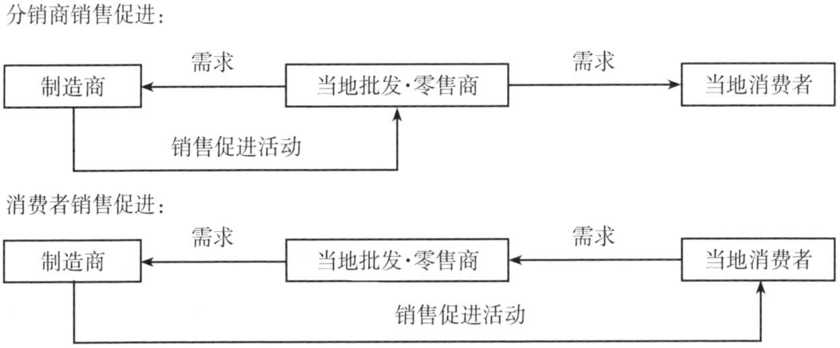

图8-4　全球销售促进的类型

资料来源：조나，장평，형정. 글로벌마케팅［M］.한국： 호남대학교출판부，2012：247.

二、全球公共关系

（一）公共关系的概念及特征

公共关系（public relations）是指某一组织为改善与社会公众的关系，促进公众对组织的认识、理解及支持，达到树立良好的组织形象，实现组织与公众的共同利益与目标的管理活动与职能[①]。美国公共关系协会（public relations society of America）认为公共关系帮助组织和公众相互适应。公共关系是组织为赢得各种群体的合作而做出的努力。公共关系的主体可以是组织，也可以是个人。对于企业而言，公共关系形象包括员工形象、产品形象、服务形象、环境保护形象等。企业拥有一个良好的公共关系形象不仅可以提升企业的整体形象，还可以有效地促进企业与顾客及周边利益团体的沟通和交流，为企业产品或服务的销售奠定基础。通常，建立公共关系的主要手段有赞助、公益活动、形象识别、捐款等形式。无论企业采用何种公关方式进行活动，都要遵循诚实守信的原则，切勿做投机取巧、虚假谎乱之事。公共关系的基本特征表现在以下几方面[②]。

① 公共关系是一定社会组织与其相关的社会公众之间的相互关系。这里包括三层含义：其一，公关活动的主体是一定的组织，如企业、机关、团体等。其二，公关活动的对象，既包括企业外部的顾客、竞争者、新闻界、金融界、政府各有关部门及其他社会公众，又包括企业内部职工、股东。因此，公关有内部公关与外部公关之分（内部公关对象是企业内部职工、股东等，外部公关对象是顾客、社会公众、政府等）。这些公关对象构成了企业公关活动的客体。企业与公关对象关系的好坏直接或间接地影响企业的发展。其三，公关活动的媒介是各种信息沟通工具和大众传播渠道。作为公共主体的企业，借此与客体进行联系、沟通、交往。

② 公共关系的目标是为企业广结良缘，在社会公众中创造良好的企业形象和社会声誉。一个企业的形象和声誉是其无形的财富。良好的形象和声誉是企业富有生命力的表现，也是公关的真正目的之所在。企业以公共关系为促销手段，利用一切尽可能利用的方式和途径，让社会公众熟悉企业的经营宗旨，了

① 郭国庆，陈凯. 市场营销学［M］. 6版. 北京：中国人民大学出版社，2019.

② 吴健安，郭国庆，钟育赣. 市场营销学［M］. 4版. 北京：高等教育出版社，2011：310-311.

解企业的产品种类、规格及服务方式和内容等有关情况，使企业在社会上享有较高的声誉和较好的形象，以促进产品销售的顺利进行。

③ 公共关系的活动以真诚合作、平等互利、共同发展为基本原则。公共关系以一定的利益关系为基础，这就决定了主客双方必须均有诚意、平等互利，并且要协调、兼顾企业利益和公众利益。这样，才能满足双方需求，以维护和发展良好的关系。否则，只顾企业利益而忽视公众利益，在交往中损人利己，不考虑企业信誉和形象，就不能构成良好的关系，也毫无公共关系可言。

④ 公共关系是一种信息沟通，是创造“人和”的艺术。公共关系是企业与其相关的社会公众之间的一种信息交流活动。企业从事公关活动，能沟通企业上下、内外的信息，建立相互间的理解、信任与支持，协调和改善企业的社会关系环境。公共关系追求的是企业内部和企业外部人际关系的和谐统一。

⑤ 公共关系是一种长期活动。公共关系着手于平时努力，着眼于长远打算。公共关系的效果不是急功近利的短期行为所能达到的，需要连续地、有计划地努力。企业要树立良好的社会形象和信誉，不能拘泥于一时一地的得失，而要追求长期的、稳定的战略性关系。

（二）全球公共关系的概念及意义

全球公共关系（global public relations）是指全球性企业在从事市场营销活动中和特定国家的社会公众（例如：大众媒体TV、广播、新闻等舆论媒体，公共机关、协力团体、地域人士等）形成友好的关系，以便树立品牌及企业的良好形象，从而促进产品销售的一种活动。全球性企业在国外市场里如果给一般大众留下不良的印象，不仅会影响产品的销售，而且还会使企业在该地域市场的活动受到限制，处于困境。全球公共关系的最重要目的是企业和当地国的社会公众间的潜在或实际矛盾、纠纷最小化，以此达到树立企业良好形象、增加企业公众形象的目的。

三、全球直销

全球直销（global direct marketing）是指全球性企业和国外顾客直接接触，使用能构筑一对一关系的媒体而进行的相互作用市场的营销方式。直接营销最经常使用的方法是直邮、电话营销、电视直销、网络直销和交互式媒体直销等[1]。

（一）直邮

直接营销的最常见形式是直邮，即向一个有具体地址的人寄发报价通知、纪念品或其他物品。直邮的一种特殊形式是目录营销，是指以目录作为信息传播载体，通过直邮渠道向目标人群发布，从而获得对方直接反应的营销活动。

（二）电话营销

电话营销是通过电话进行的营销行为，销售者通过电话推广产品的信息并了解消费者的反馈。适合电话营销的商品主要是日用百货、书籍唱片、健身器材、家用电器和食品等。酒店、旅行社、保险公司、航空公司、咨询公司和俱乐部则比较适合利用电话来进行业务宣传和市场调查。

（三）电视直销

电视直销由厂家或者代理商直接操作，以电视节目形式出现，经过精心设计和包装，既含信息，又有广告，欣赏性、娱乐性较强，一般在收视率较高的频道和时段插播。与电视直销相关的电视购物是指以在电视上播放广告片的方式宣传产品，通过屏幕上显示的免费电话达成订购的销售方式，它明显区别于只用于提供品牌知名度的一般商业广告。因此，电视购物是把电话营销和电视直销结合起来的一种销售方式。

（四）网络直销

网络直销是指通过互联网发掘有意向的客户，同时在网上进行销售，通过网络完成最终销售订单，或者通过网络完成销售引导环节，再通过线下销售促进订单的营销模式，大多以企业间（B2B）模式、企业与顾客间（B2C）模式为主。和网络直销相关的概念是网络营销。网络营销即以互联网为手段，达到营销的目的。网络营销包含的内容很广，主要有网上市场调查、网上消费者行为分析、网络营销策略、网上产品和服务策略、网上价格营销策略、网上渠道选择与直销、网上促销与网络广告、网络营销管理与控制等。

---

① 王永贵. 市场营销［M］. 北京：中国人民大学出版社，2019.

（五）交互式媒体直销

目前，正在迅速吸引营销者注意的交互式媒体是无线沟通，如智能手机在直接营销中发挥越来越大的作用。

全球直销是在因特网的广范围普及、信用卡的普遍使用、免费电话及生活方式的改变等条件下急速发展扩散的。这种类型的促销活动因为能节省流通手续费，所以具有可以向国外顾客提供价格低廉的产品和服务，不需要单独的销售商店或分店的优点。除此以外，为了确保多种多样的直销能顺利进行，企业应谨慎考虑推销人员的外语能力、当地国的因特网普及率、当地国的网络速度、当地国邮政服务水平、当地国的印刷出版环境等很多方面的因素。

第五节　本章小结

全球促销也称为全球沟通，是指全球企业为了诱导国外顾客们购买其生产的产品或服务，积极地提供本公司的产品或服务信息，说服潜在和实际消费者，并以影响他们的想法、态度及行动为目的而实行的一系列市场营销活动。具体来说，促销方式有以国外顾客及听众为对象的广告人员销售、销售促进、宣传、直销及公共关系等。

全球促销沟通过程的构成要素有送信者、符号化、媒体、解读、收信者、反馈。送信者是指给收信者（国外顾客）传送信息的全球企业，是沟通过程的出发点。符号化是指送信者使用精妙的技巧语言、图案、影响、符号等，将此组成信息传递给收信者的过程。送信者要传递的符号化信息是由电视、广播等传播媒体、报纸、杂志等印刷媒体和通过户外广告牌、口传等方式传达给收信者的。解读是指收信者理解、领会送信者所传递的符号化信息过程。收信者是指接收全球企业所传送信息的国外顾客和听众，他们对信息会表现出反应。送信者的信息如果没有被收信者好好认知或剖析、领会的话，送信者要针对所传达的信息进行修改和补充，然后经过反馈再传递给收信者。

全球广告是指以该国的电视、广播、新闻、杂志等大众媒体为中心所进行的，以广大消费者为对象的大众传播活动。全球广告管理的过程可以分为设定全球广告目标、决定全球广告预算、选定全球广告代理公司、设计全球广告信息、选定全球广告媒体及评估全球广告效果六个阶段。为了有效地实行全球广告一定要设定广告目标，全球营销管理者要决定广告应该履行的作用是什么，因而决定广告信息和目标大众。全球广告的目标大致上分为全球化目标和地域化目标两种。全球企业广告目标确定后，企业就可对要广告的产品或服务设定广告预算。全球营销管理者们要考虑广告费支出规模，决定广告预算方法和各个国家广告预算的分配方法等，从而决定广告预算，这才是最有效的。全球企业制定广告预算以后便进入了选择广告代理公司的阶段。全球企业能利用的广告代理公司有本国的广告代理公司、国外市场内现有的当地广告代理公司及全球广告代理公司。全球广告信息是指全球企业给国外顾客和目标大众所使用的以促进本公司产品或服务销售为目的的诉求点、主题及构想等。企业的媒体设计人员在选择全球广告里所使用的媒体时，需考虑当地国市场媒体获得可能性、产品特性、目标沟通对象的媒体习惯、信息类型等。为了更好地评估全球广告效果，企业应对广告进行沟通效果测定和销售效果测定。沟通效果测定是了解通过广告宣传本公司的产品对消费者的认知、态度、嗜好的影响程度，销售效果测定是了解广告对产品的销售额影响程度。

全球人员销售是指在国外市场里，销售人员直接和目标顾客接触、洽谈、诱导、劝说目标顾客购买本公司的产品或服务的一种促销活动。全球人员销售的优点有以下几点。① 人员销售作为一种信息传递形式，具有双向性。② 能充分地给个别顾客提供所需要的服务和情报。③ 人员销售是在销售行为的当时就可以结束。④ 人员销售可以帮助企业从顾客那里获取、收集有用的情报，能及时了解顾客对本企业产品或服务的评价，通过收集、反馈信息，可以为企业制订合理的营销策略提供依据。全球人员销售的缺点如下。① 全球推销人员只可能接近那些规定的、有限数量的顾客，很难和众多顾客进行沟通。② 全球推销人员对限定数量的顾客进行一对一的集中式接触，比起利用大众媒体、广范围沟通的广告来说，所需费用更多，支出也较大。③ 对推销人员的要求较高，推销人员除了应具备营销才能外，还必须熟悉产品的使用方法、特点、保养、维修等知识与技术。

全球销售促进是指为了强烈地刺激国外顾客们的购买意识而提供短期的诱引，是指广告、人员销售、公共关系等以外的促销活动。销售促进一般不单独使用，常常配合其他促销方式一起使用，这样才能发挥更好的作用。全球销售促进按其对象的不同，可分为当地分销商销售促进和消费者销售促进两种方式。全球公共关系是指全球企业在从事市场营销活动中和特定国家的社会公众（如大众媒体TV、广播、新闻等舆论媒体，公共机关、协力团体、地域人士等）形成友好的关系，以便树立品牌及企业的良好形象，从而促进产品销售的一种活动。全球公共关系的最重要目的是企业和当地国的社会公众间的潜在或实际矛盾、纠纷最小化，以此达到树立企业良好形象、增加企业公众形象的目的。全球直销是指全球企业和国外顾客直接接触，使用能构筑一对一关系的媒体而进行的相互作用市场营销方式。直接营销最经常使用的方法是直邮、电话营销、电视直销、网络直销和交互式媒体直销等。

思考题

1. 什么是全球促销？它有什么意义？

2. 全球沟通过程由哪些要素构成？请画图加以说明。

3. 什么是全球广告？全球广告的管理过程分为哪些阶段？

4. 什么是全球人员销售？它具有哪些优缺点？

5. 请解释分销商销售促进和消费者销售促进之间的区别有哪些，并举实例加以说明。

6. 你能用实际事例说明解释全球促销策略都有哪些促销方式吗？

第九章

全球营销组织和营销审计

❶ 全球营销组织

❷ 全球营销审计

第一节　全球营销组织

一、组织及组织的分类

（一）组织的概念

著名学者切斯特·巴纳德认为，组织是一种有意识地对人的活动或力量进行协调的关系，是两个或两个以上的人自觉协作的活动或力量所组成的一个体系。我国学者熊勇清认为组织是指由两个或两个以上的个人为了实现共同的目标组合而成的有机整体。由此可见，作为一个组织，需要具备几个构成因素：首先，组织是由两个或两个以上的人组成的，一个人构不成组织；其次，组织的成员拥有一个共同的目标，为了目标的实现自愿做出贡献；最后，组织是一个有机整体，可以是有形的，也可以是无形的。组织在一定程度上是独立存在的。组织的存在主要是为满足其内部成员利益而服务的。为了组织目标的实现，组织内部要进行明确的分工与合作，没有分工与合作的群体是不能称为组织的。只有进行有效的分工与合作，才能更好地完成组织的目标，满足组织成员的共同利益。

（二）组织的分类

组织按规模可分为小型组织、中型组织和大型组织。组织按形成方式可分为正式组织和非正式组织。正式组织是指具有明确的目标和规定成员之间职责的组织体系。我们一般所说的组织指的就是正式组织而言。在正式组织中，成员之间有明确的分工与职责，保持着协作关系，共同努力完成组织的目标。正式组织的成员是以效率为行为准则的。非正式组织是指在共同工作中自发产生的，没有明确的目标，没有明确的岗位分工和责权关系，具有共同情感的团体。非正式组织具有自发性的特点，它以感情为行为准则，满足成员的心理需要，创造和谐融洽的人际关系，促进相互合作精神。此外，熊勇清在其著作《管理学：原理、方法与案例》中，按照组织的性质把组织分为五类：经济组织、政治组织、文化组织、群众组织和宗教组织，具体内容如下[①]。

① 经济组织。经济组织是人类社会最基本、最普遍的社会组织，它担负着提供人们衣食住行和文化娱乐等物质生活资料的任务，履行着社会的经济职能。在现代社会中，经济组织已形成庞大复杂的体系，其中包括生产组织、商业组织、金融组织、交通运输组织和其他服务性组织等。

② 政治组织。政治组织出现于人类社会划分阶级之后，它包括政党组织和国家政权组织。在现代社会中，政党代表着本阶级的利益和意志，为本阶级提出奋斗目标，制定方针政策。国家政权组织是国家管理社会的重要机器。

③ 文化组织。文化组织是以满足人们各种文化需求为目标，以文化活动为其基本内容的社会团体，如学校、图书馆、影剧院、艺术团体、科学研究单位等。

④ 群众组织。这类组织是社会各阶层、各领域的人民群众，为开展各种有益活动而形成的社会团体，如工会、共青团、妇女联合会、科学技术协会等。

⑤ 宗教组织。宗教组织是以某种宗教信仰为宗旨而形成的组织，代表宗教界的合法利益，组织正常的宗教活动。

二、组织结构设计

（一）组织设计的概念及内容

一个组织的目标、计划确定以后，组织的管理者为了保证目标和计划的顺利实现必须设计出合理、有效、正确的组织结构和体制，以确保组织目标和计划的顺利实现。同时，由于组织受内外部环境的变化而发生改变，管理者还要应对由于环境变化而给组织带来的威胁或阻碍，这就要求管理者不断地对组织结构做出调整或改变。因此，组织设计也就成了管理活动的一项重要内容。企业组织设计就是根据企业的目标对企业的管理活动进行横向和纵向分工，通过部门化形成组织框架并进行合理整合，有效发挥整体机能的组织结构体系。也可以说，组织设计是建立在分工与协调基础上的，涉及企业财产关系、利益分配关系、领导职权关系、组织规模等，组织结构必须有效合理地解决组织内部的复杂关系，促进成员的分工与协作，协调一致，才能保证组织的可持续发

① 熊勇清. 管理学：原理、方法与案例［M］. 上海：复旦大学出版社，2013：149.

展。一般来说，组织设计的内容包括以下几个方面的内容[1]。

① 职能设计。职能设计是以职能分析工作为核心，研究和确定组织的职能结构，为管理组织的层级、部门、职务和岗位的分工协作提供客观依据的工作。职能设计是整个组织设计的关键性第一步，关系其后其他设计的成败。

② 部门设计。对组织内容各种职能加以分类后所组成的专业化的管理单位称为部门。部门设计任务有两项：一是确定组织应该设置哪些部门；二是规定这些部门之间的相互关系，使之形成一个有机整体。

③ 管理幅度与管理层级设计。管理幅度的大小，实际上意味着一位主管人员直接控制和协调的工作活动量的多少。管理层级实质上是组织内部纵向分工的表现形式，各个层级分别担负不同的管理职能。管理幅度对管理层级的多少具有直接影响，并最终影响到组织结构的形式。管理幅度与管理层次成反比关系。

④ 职权设计。职权是组织各个部门、各种职务在职责范围内决定和影响其他个人或集体行为的支配力。职权设计就是正确处理组织内纵向和横向两个方面的职权关系，将不同类型的职权合理分配到各个层级和部门，建立其高度协调的职权结构。

⑤ 管理规范设计。管理规范是组织管理中各种管理条例、章程、制度、标准、办法等的总称。它用文字形式规定的管理活动的内容、程序和方法，是管理人员的行为规范和准则。

（二）组织结构的形式

组织的形态和类型是多种多样的，不同规模、不同形式的组织有着不同的组织结构，组织结构并非一成不变的，它根据组织的发展需要而随之进行调整和改变。组织结构是组织内部的职能分工，就是按照组织的目标对工作任务进行分解，由组织内的各个部门完成相对应的任务和工作。下面介绍几种最基本的常用的组织结构形式。

1. 直线制组织结构

直线制组织结构是一种最早出现的、最简单和最基本的组织形式。这种组织形式没有职能机构，从最高管理层到最低管理层，呈现直线垂直式领导，下级部门只能接受一个上级的领导，是一种最简单的组织结构形式，适用于小型

① 熊勇清.管理学：原理、方法与案例［M］. 上海：复旦大学出版社，2013：173-174.

组织或现场作业。直线制组织的结构框架如图9-1所示。

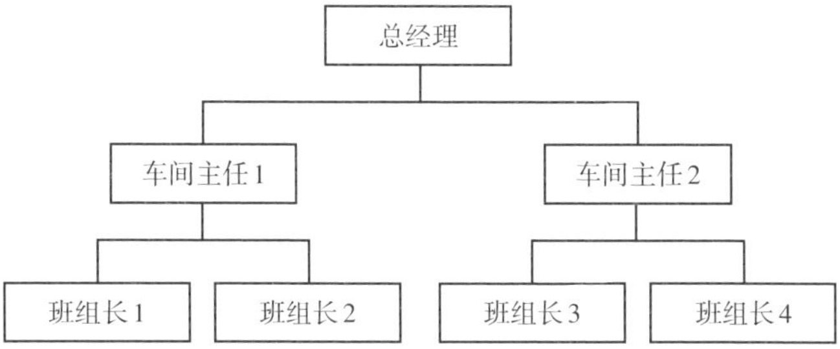

图9-1　直线制组织结构

2. 职能制组织结构

职能制组织结构是在直线制组织的基础上发展起来的，是一种把从事相似或相关职业的专业人员组合在一起的组织结构。这种组织结构最初是在军队组织中设置参谋职位而得以广泛应用，职能部门作为直线指挥人员的参谋、顾问，职能部门只对下级直线部门提供建议和业务帮助，而不能发号施令。职能制组织的结构框架如图9-2所示。

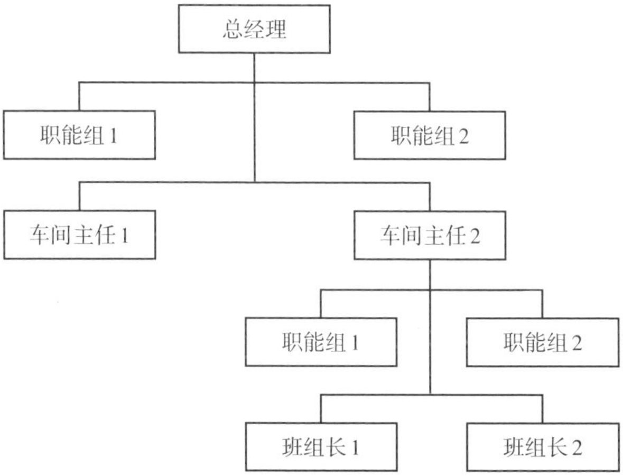

图9-2　职能制组织结构

3. 事业部制组织结构

事业部制组织结构也称M型组织结构，最早是由美国通用汽车公司总裁斯隆（Alfred Solan）于1924年提出的，故有“斯隆模型”之称。事业部制组织结构是组织按照产品、类别、地区、用户等不同的业务单位分别成立若干个事业部，各事业部独立经营、核算、自负盈亏的组织结构形式。总部负责组织方针的制定和控制，方针目标的具体执行和运作则由各事业部自行实施控制。事业部制组织的结构框架如图9-3所示。

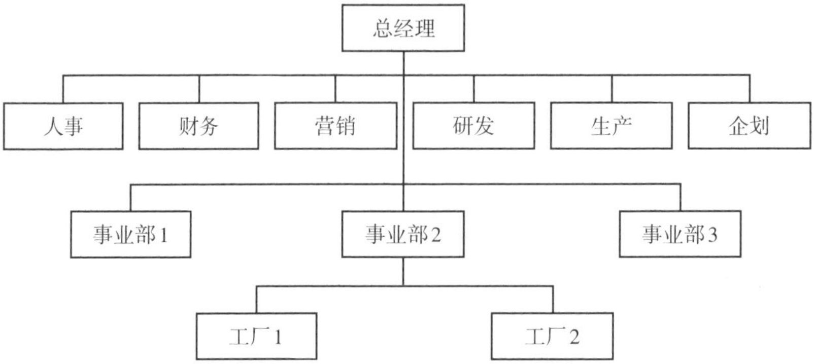

图9-3　事业部制组织结构

4. 矩阵制组织结构

矩阵制组织结构的出现是企业管理水平的一次飞跃。矩阵制组织结构是由纵向的职能结构系统和横向的产品或项目系统交叉形成的组织结构，其实质是为了加强职能制组织之间的协调、引进项目管理，更好地实现组织的目标和可持续发展。矩阵制组织结构的框架如图9-4所示。

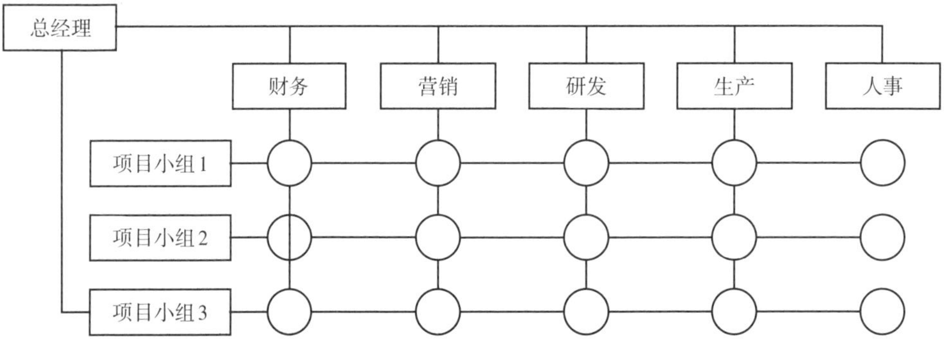

图9-4　矩阵制组织结构

三、全球营销组织的类型

在激烈的市场竞争中，企业为了生存和持续发展不得不去寻找和发现新的并且更有创造性的组织形式。正如社会需要创新应用型综合人才一样，企业只有不断地开发和寻求新型组织结构模式才能适应社会的发展，不被社会所淘汰。下面介绍几种全球企业进入海外市场的组织形式，具体内容如下。

（一）职能结构组织

职能结构组织属于最传统、最简单的组织结构之一。大多数全球企业通过类似的结构形式来进行最初的海外扩张，这对于刚开始进入海外市场的全球性企业来说是一种典型、常用的组织结构形式。它基于组织的人事 、财务、营销、生产等经营过程建立起来，属于简单、易于控制的结构形式。如图 9-5 所示。

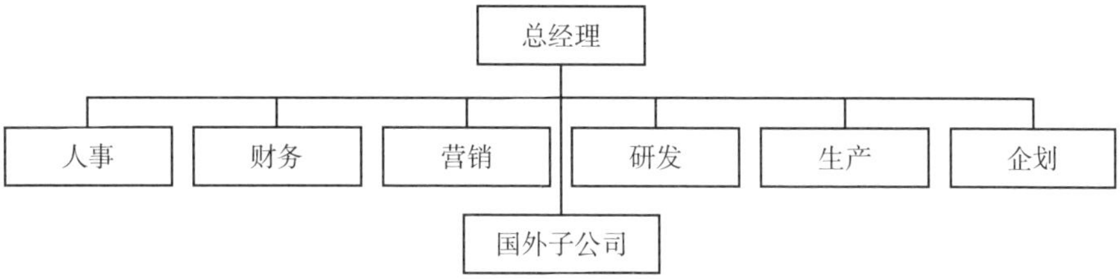

图 9-5　职能结构组织

（二）国际事业部组织

随着企业的迅速发展及国际业务的增长，迫切地要求企业建立相对的国际事业部，负责专门处理和解决国际业务往来及海外市场的业务，这就产生了国际事业部组织，如图 9-6 所示。

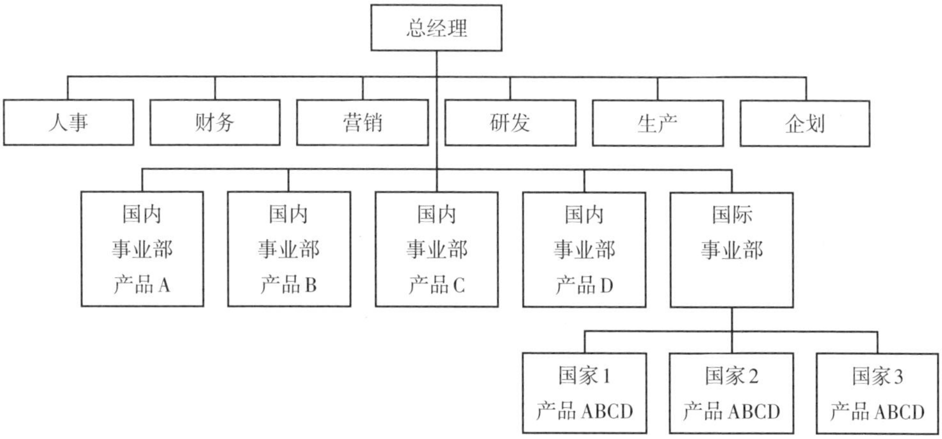

图 9-6　国际事业部组织

（三）全球产品部门组织

当企业的产品线多样化，当产品进入多种用途市场，并且要求相对较高的技术能力时，全球产品部门组织的结构形式效果最好。如图9–7所示。这种组织结构形式各产品部门具有相对的意识决定权力，互不干涉，各产品部门总监有权做出决定和控制产品的生产。而且各产品部门根据自己部门的实际情况自行调节价值创造和产出。但该结构形式也具有各产品部门只顾自身部门的利益而很难控制全局的缺点。

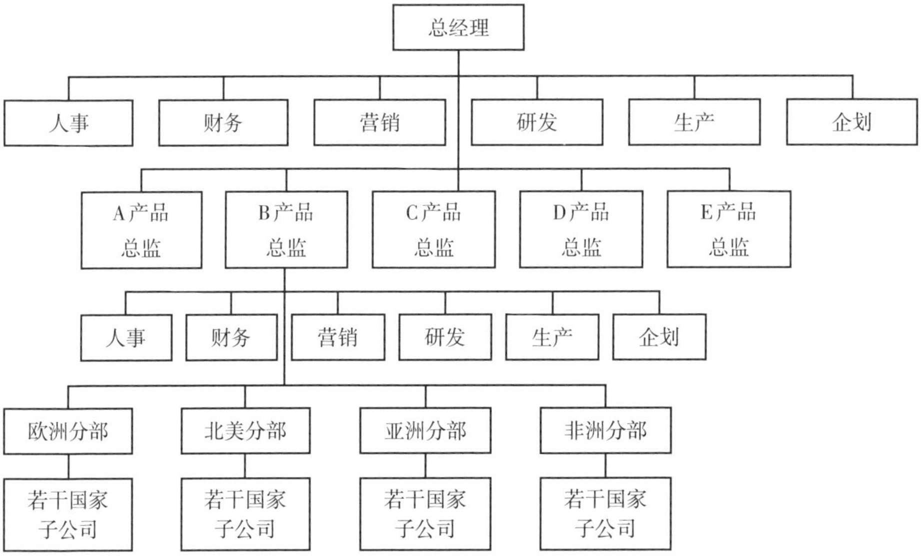

图9–7　全球产品结构组织

（四）区域管理结构组织

区域管理结构组织的形式如图9–8所示。区域管理组织形式对于那些产品数量有限并在全球范围内具有相似市场细分的企业最有效。这种组织形式集中于特定地理区域，通过对特定区域的市场调查及消费者喜好的了解有助于企业进行产品设计、市场细分和企业营销策略的展开。

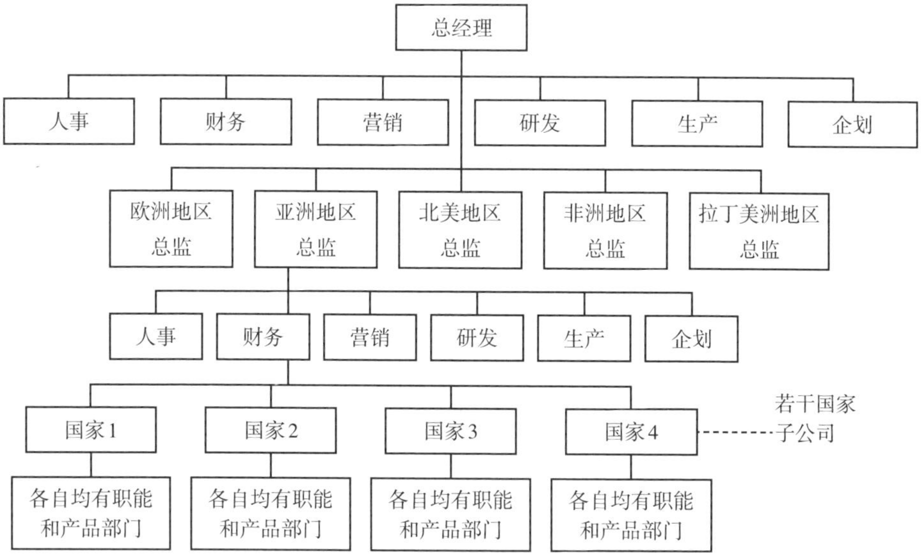

图9-8　区域管理结构组织

第二节　全球营销审计

一、营销审计的概念及特性

（一）营销审计的概念

营销审计（marketing audit）又叫“营销稽核”“营销审核”。它通过对企业或业务单位的营销环境、目标、战略和活动进行全面的、系统的、独立的和定期的检查，发现营销机会，找出营销问题，提出正确的短期和长期行动方案，保证营销计划的实施或不合理的营销计划得到修正①。营销审计的基本内容包括营销环境审计、营销组织审计、营销战略审计、营销系统审计、营销效率审计、营销功能审计六个方面，具体内容如表9-1所示。

① 吴健安，郭国庆，钟育赣. 市场营销学［M］. 4版.北京：高等教育出版社，2011：332.

表9–1 营销审计的基本内容

方面	基本内容
市场营销环境审计	分析宏观和微观环境中影响公司目标的关键因素。市场营销策略和规划都是在分析营销环境的基础上进行的，通过分析营销环境关键组成部分的现状和变化趋势，从中寻找会给企业带来机会和威胁的因素，做出适当的战略选择。这方面审计的内容包括：市场规模，市场增长率，现有顾客与潜在顾客对企业的评价，竞争者的目标、战略、优势、劣势、规模、市场占有率，供应商的推销方式，经销商的贸易渠道等
市场营销战略审计	考察企业的各种营销目标、战略和预测的营销环境的适应程度。具体内容主要包括：企业的营销目标是否明确；能否选择与企业任务、目标相一致的竞争地位；企业的营销战略与竞争者相比有何优势和劣势；企业在市场定位、企业形象、公共关系等方面的战略是否卓有成效；企业的市场营销资源是否按照不同的细分市场、地区和产品做了适当的配置
市场营销组织审计	检查营销组织在预期环境中的选择和控制决策能力。具体内容主要包括：审查营销组织的建立是否符合有效性原则；明确营销组织系统是否完善；确定各层次的权责范围是否明确；分析营销组织结构是否与营销目标相适应；分析营销部门与企业其他部门之间的沟通和协作状况；对营销人员素质、员工培训及激励等进行分析与评价，提出改进建议
市场营销系统审计	审查企业有无健全有效的信息系统、营销计划系统、营销控制系统和新产品开发系统。对信息系统的审计是指审计企业能否正确、及时、有效地收集、整理市场发展变化方面的信息；对营销计划系统的生计是指审计企业是否成功有效地编制了计划及计划系统预期目标的达成率；对营销成本等是否有准确的考核和有效的控制；对新产品开发系统的审计主要是指审计企业开发新产品的系统是否健全，是否组织了新产品创意的收集与筛选，新产品开发的成功率如何，是否在新产品正式上市前进行过适当的产品试验和市场试销等
市场营销效率审计	审计企业不同产品、不同市场、不同地区以及不同分销渠道的盈利能力，以及市场营销费用支出情况及其效益，具体内容包括销售收入绩效审查、销售费用绩效审查、成本支出审查等
市场营销功能审计	生计企业的市场营销组合(4P)效率，具体内容主要包括审计企业的产品受欢迎程度、企业定价目标和战略的有效性、企业分销商与代理商以及供应商等渠道成员的效率、广告预算、媒体选择与广告效果以及销售队伍的工作效率等

资料来源：王永贵. 市场营销［M]. 北京：中国人民大学出版社，2019：380-381.

（二）营销审计的特性

营销审计的特性有以下几方面的内容①。

① 全面性。营销审计涉及企业全部主要的营销活动，而不仅是产生问题之处。仅仅审计出现问题之处，可能会发生误导，看不到真实的问题和原因。只

① 郭国庆，陈凯. 市场营销学［M]. 6版. 北京：中国人民大学出版社，2019：345-346.

有进行全面的营销审计才能有效地找到企业营销的真实问题与原因。

② 系统性。营销审计是对整个内部营销活动和外部营销环境的审计，包括营销环境、内部营销制度和各种具体的营销活动，然后在此基础上制订调整行动的计划，以提高组织的整体营销效益。

③ 独立性。营销审计可以通过六种途径进行：自我审计、交叉审计、上级审计、公司审计处审计、公司任务小组审计和局外人士审计。自我审计是营销经理利用考核指标和考核表评价自己的营销活动效益。这种审计缺乏客观性和独立性。一般而言，最好聘请外界经验丰富的专业人士进行审计。

④ 定期性。营销审计应当定期进行，不应在发生问题时才去审计。问题之所以发生往往是因为之前在一切顺利的时候没有进行审计。

二、全球营销审计的概念

全球营销审计是对一个公司或业务单位的营销环境、目标、计划、战略和行动所进行的一种全面的、系统的、综合的、定期的检查。其主要目的是分析和识别企业所存在的和潜在的问题与机会，提出相对应的行动方案和措施，从而提高企业的市场营销业绩。全球营销审计每年定期进行，通过全球营销审计了解企业所拥有的资源、机会、优势和威胁，正确地评价企业的市场营销战略、目标、政策等的有效性和效率性。全球营销审计要遵循全面性原则、系统性原则和持久性原则，这样才能有效地对企业的营销效果进行审核与评价。因为，全球营销审计不是针对营销组合中的某个功能因素进行审计，它针对的是包括产品、定价、分销、渠道、顾客服务、市场调研等在内的营销组合的每一个领域，评价公司的营销环境、竞争、战略、目标、组织、过程和实践。因此，我们说全球营销审计具有全面性。

一般来说，企业审计时，可以使用两种方式进行，即外部独立审计和内部审计。外部独立审计是依靠于外部专业公司或审计机构进行的，但也可能因为审计人员缺乏对行业的理解而制约或影响审计效果。无论是外部独立审计还是内部审计，我们认为对于同一范围和时间段，两种审计都应该进行，通过对比两种方式的审计结果，提高营销团队的整体业绩。

三、全球营销审计的步骤

全球营销审计的具体步骤如下。

首先，由公司的管理人员和审计人员一起针对审计的目标、广度、深度、资料来源、报告形式及时间安排共同协商达成一致协议。

然后，进入资料收集阶段。审计小组可以通过访谈、收集二手资料、检索内部资料等形式来收集资料数据。

其次，对收集到的资料数据进行分析评估，提出主要的审计结果和建议。

最后，撰写审计报告。

四、全球营销审计的问题和课题

全球营销审计中会提出大量的问题和新意见。计划和控制既交织在一起又相互独立，通过全球营销审计中得到的信息，计划的过程才能开始并且得到更加有效的报告。图 9–9 显示了战略性计划、操作性计划和控制之间的关系。

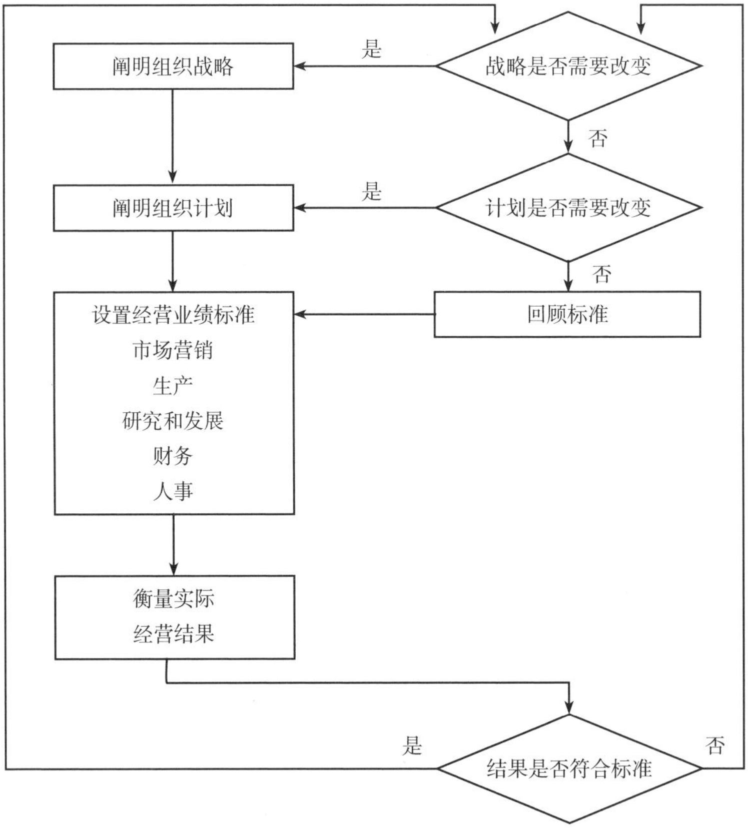

图 9–9　战略控制与计划之间的关系

资料来源：沃伦·J. 基根. 全球营销管理［M］. 张政，译.北京：清华大学出版社，2020：309.

计划和控制息息相关。如果说计划是企业为实现目标而制订的一系列完整而又彼此衔接的方案，那么控制则是使一切管理活动都按计划进行。计划产生控制的标准，是控制的前提，而控制是计划目标能够实现的保证。计划过程可以分为两个相关联的阶段：战略性计划和操作性计划。战略性计划指从产品和市场的角度进行的计划选择及为实现这些目标而做的人力和财力资源投入，而操作性计划是战略市场目标和承担这些目标的资源被转变成特定规划和方案的过程。

在全球经营活动中，各个国家环境的多样性、异质性必然会导致营销活动的控制复杂性。由于市场和总部的遥远距离、管理者社会文化的差异等影响，全球营销可能会产生特殊的交流问题。这就要求全球营销管理者在开展营销活动之前，一定要对进入国的国家环境、经济环境、政治法律及社会文化环境彻底了解，并进行充分的市场调研后，制订出符合该国或该地域的正确而有效的营销战略，以保证企业目标的顺利实现。

第三节　本章小结

组织是一种有意识的、对人的活动或力量进行协调的关系，是两个或两个以上的人自觉协作的活动或力量所组成的一个体系。企业组织设计就是根据企业的目标对企业的管理活动进行横向和纵向分工，通过部门化形成组织框架并进行合理整合，有效发挥整体机能的组织结构体系。组织设计的内容包括职能设计、部门设计、管理幅度与管理层级设计、职权设计、管理规范设计。组织结构是组织内部的职能分工，就是按照组织的目标对工作任务进行分解，由组织内的各个部门完成相对应的任务和工作。

全球营销组织的类型有职能结构组织、国际事业部组织、全球产品部门组织、区域管理组织。职能结构组织属于最传统、最简单的组织结构之一。它基于组织的人事 、财务、营销、生产等经营过程建立起来，属于简单、易于控制的结构形式。随着企业的迅速发展及国际业务的增长，迫切要求企业建立相对的国际事业部，负责专门处理和解决国际业务往来及海外市场的业务，这就产生了国际事业部组织。当企业的产品线多样化，当产品进入多种用途市场，并且要求相对较高的技术能力时，全球产品部门组织的结构形式效果最好。区域管理组织形式对于那些产品数量有限并在全球范围内具有相似市场细分的企业最有效。这种组织形式集中于特定地理区域进行营销活动，通过对特定区域的市场调查及消费者喜好的了解有助于企业进行产品设计、市场细分和企业营销策略的展开。

全球营销审计是对一个公司或业务单位的营销环境、目标、计划、战略和行动所进行的一种全面的、系统的、综合的、定期的检查。其主要目的是分析和识别企业所存在的和潜在的问题与机会，提出相对应的行动方案和措施，从而提高企业的市场营销业绩。全球营销审计每年定期进行，通过全球营销审计了解企业所拥有的资源、机会、优势和威胁，正确地评价企业的市场营销战略、目标、政策等的有效性和效率性。全球营销审计要遵循全面性原则、系统性原则和持久性原则，这样才能有效地对企业的营销效果进行审核与评价。全球营销审计的具体步骤：首先，由公司的管理人员和审计人员一起，针对审计的目标、广度、深度、资料来源、报告形式及时间安排共同协商达成一致协议。然后，进入资料收集阶段。审计小组可以通过访谈、收集二手资料、检索内部资料等形式来收集资料数据。其次，对收集到的资料数据进行分析评估，提出主要的审计结果和建议。最后，撰写审计报告。

思考题

1. 什么是组织？它有哪些要素？

2. 全球企业在进入海外市场时可使用的全球营销组织形式有哪些？你能举例说明吗？

3. 什么是全球营销审计？它有哪几种方式？

4. 全球营销审计的步骤有哪些？

第十章

消费者保护和全球营销展望

❶ 消费者行为

❷ 消费者购买决策过程

❸ 消费者保护和全球企业社会责任

❹ 服务营销和社会营销

❺ 全球营销展望

第一节 消费者行为

一、消费者行为

企业为了有效地达成其目的并适应周围复杂的变化环境，往往选择利用市场营销组合策略及其对应方法来满足消费者的需要和欲求。消费者的需要、欲求、反应等关联行为对企业活动的成败有很大的影响。消费者积极探索为了满足自身的需求、欲望的产品或服务的这一系列过程活动可以称为消费者行为（consumer behavior），也就是说消费者行为是指消费者为了获取、使用、处置消费物品或服务所采取的各种行动的总和。由此可见，消费者行为与产品或服务的交换密切相关。作为企业来说，正确理解和认识消费者行为不仅对企业的生存和发展有重大的影响，对企业顺利开展经营策略和计划也有很大的帮助。随着对消费者行为认识的深入，消费者行为学也成为一门独立的学科，对消费者行为的研究称为消费者行为分析（consumer behavior analysis）。由以上消费者行为的定义可知：

① 消费者行为研究的主要对象是包括个人和群体的最终消费者。

② 消费者行为的决定因素大体可分为个人的心理因素和环境因素两种。

③ 消费者行为具有可以依靠经验掌握反馈的意识决定过程的优点。

二、消费者行为的特性

由于消费者行为具有多样性和复杂性，要想预测它而用定型的模型是很难规制的。不过，我们可以从以下几个方面来理解消费者行为都具有哪些特性。

第一，消费者行为是具有目的性的。消费者行为是为了有效地实现目标瞬间实现的一种行为，从旁观者来说，有时会认为消费者的购买及消费行为是非常冲动和感性的，是不合理的。而作为行为者本人来讲，消费行为是经过再三考虑，筛选众多方案后而付出的一种行动，是有目标、有指向性的一种行为。

第二，消费者具有自主的判断力。消费者自己判断和选用适合自己需求或欲望的产品或服务，同时记住那些对自身有用的情报而很容易忘却那些对自身选择无用的信息情报。

第三，消费者的动机和行为都依赖于调查。消费者的行为是一个整体过程，其中购买只是该过程里的一个阶段而已。消费者的行为受心理因素和外部环境因素的影响，这些因素错综复杂。但是我们可以通过市场营销调查来正确地预测消费者们的动机和行为。

第四，消费者的动机或行为是受外部因素影响的。虽然诱引消费者做违背自身目标或意愿的行为很难，但是凭借外部因素在某种程度上可以影响消费者的动机和行为。即使通过市场调查来准确理解和掌握消费者们的动机，但没有具体地通过企业的产品、价格、流通渠道、促销等反映出来，要影响消费者的行为也是不可能的。

第五，在消费者行为的循环过程里消费者教育是必需的。消费者们虽然具有购买目的的指向性和自主的判断能力，但是购买者一定会做出最明智、优秀的购买行为却是不一定的。消费者越是更多地了解产品和购买技巧，越会展现不同的购买行为。由于很多消费者对新产品了解得不多，所以会引起很多的不满也是常见的例子。因此，为了做出正确的消费者行为，需要消费者通过各种渠道事先对产品或服务进行了解，这样才会做出正确决定从而减少损失的发生。

三、影响消费者行为的因素

消费者行为研究的对象是消费者个人和群体的消费行为，对于企业的营销管理者来说，正确地理解和掌握消费者行为的特性和消费者购买行为过程及准确分析影响消费者行为的诸多因素，对企业正确树立市场营销策略及实现营销目标起着很重要的作用。影响消费者购买行为的因素很多，人们的消费行为、购买决策在很大程度上受到文化、社会、个人、心理和情境等因素的影响。具体内容如图10-1所示。

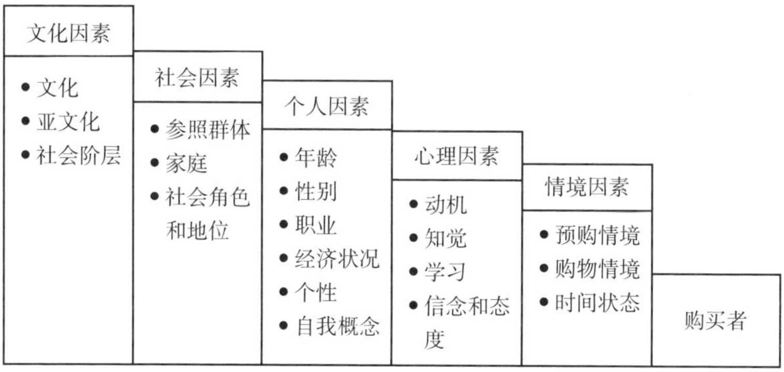

图10-1　消费者购买行为的影响因素

资料来源：郭国庆，陈凯. 市场营销学［M］. 6版. 北京：中国人民大学出版社，2019：113.

在此，为了方便学理解和掌握，本书根据国内外学者的观点，同时参考借鉴其他学者的理论思想，把影响消费者行为关键的因素大体分为社会文化因素和个人心理因素两大类。

（一）社会文化因素

社会文化因素是决定一个人行动影响最大的因素。大部分的消费者都会受到所生活的社会文化圈的风俗及文化的影响。影响消费者行为的社会文化因素大体有文化、社会阶层、家庭、社会角色与地位、社会群体等因素。文化是一个复合体，包括为某一社会或群体所共同拥有的知识、信念、价值观、道德、规范、生活方式、习俗等。文化因素对消费者行为的影响最为广泛和深远。社会阶层是指在一个社会中具有相对的同质性和持久性的群体。一般来说，处于同一阶层的社会成员往往具有很多的行为相似之处。一个人在一生中可能处于很多的不同群体，从而扮演着不同的角色。不同的角色和地位就要求具有相应的消费行为方式。所以，消费者在购买商品或使用服务时，往往会考虑到自己在社会中所处的角色和地位，从而做出相应的消费行为。家庭对我们每个人来说是一个非常重要的社会群体。即使是同一件商品，家庭成员在购买时也会表现出不同的消费行为，但是，很多的购买决策大部分都是在多个家庭成员的共同参与下做出决定的。

（二）个人心理因素

影响消费者行为的个人心理因素主要有消费者的年龄与性别、职业、经济能力、消费者的生活方式、消费者的个性和自我概念、动机、知觉、学习、信念与态度等。消费者所处年龄阶段的不同，他们的消费心理和购买行为也有很大的不同。例如：处于青少年时期的消费者，他们的消费心理和购买行为倾向于寻求新鲜刺激，喜欢突出自我，消费口味变化多端；而处于老年时期的消费者，他们倾向于安逸、保健、休闲活动、医疗保险类的产品。不仅在不同的年龄层会表现出不同的消费行为，男性和女性在消费心理和购买行为上也有很大的不同。一般来说，男性消费者购买行为过程比较简单，购买目的具有明确的指向性，不会受到广告等宣传手段的引诱，具有理性的判断力和决策力；而对于女性消费者来说，消费行为趋于复杂，购买过程随意性大，往往会受到广告或其他宣传手段的影响而容易做出冲动购买行为。

经济能力主要指个人可支配的收入、存款与资产、储蓄和花钱的态度。经济能力在很大程度上制约着个人的购买行为。一般来说，消费者都会在可支配收入的范围内考虑以最合理的方式安排支出，以便满足自己的需求和欲望。

消费者的生活方式也是影响消费者行为的一个非常重要的因素。个人的生活方式综合反映了社会、文化、经济和心理等因素对个人行为的影响，不同生活方式的消费者，对产品或服务的选择也有所不同。因此，正确了解和分析消费者生活方式对企业制订营销策略有很大的帮助。

知觉是外部信息或外部刺激与个体经营、知识综合作用的结果。不同的消费者对同一刺激所产生的知觉是不同的。例如：对同一种产品，有的人觉得产品的质量很好，而有的人则觉得质量一般或是并不是十分好；有的人觉得价格合理可以接受，而有的人会认为价格昂贵、不合理；等等。

此外，价值观对消费者行为也有很大的影响。每个人的价值观念是不同的。有的人认为物质比精神重要，有的人认为精神生活胜于物质生活。每个人对事物所持有的价值观不同，那么他们在选择或做出行动时也就各不相同。

第二节　消费者购买决策过程

消费者购买决策过程也就是消费者将购买动机转化为购买活动的过程。消费者对需要购买的产品或服务，根据使用用途、性能、质量、价格、经济收入等因素的不同而进行的购买决策过程也有所不同。对于消费者的购买决策，一般来说可以分为认知问题、收集信息、评价方案、购买决策和购买后行为五个阶段。消费者购买决策过程如图10-2所示。

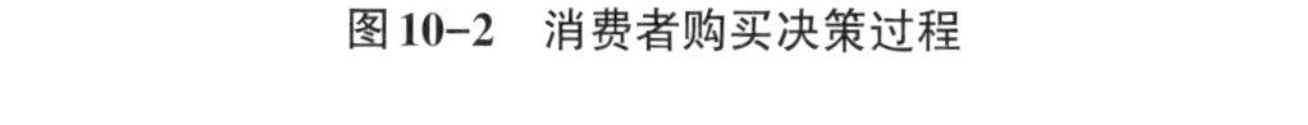

图10-2　消费者购买决策过程

一、认知问题（problem recognition）

问题是消费者认识到实际状况与其所预想达到的状况之间有差异时产生的。如果消费者不能认知到购买的问题，那也就无法进行购买活动。因此，消费者购买决策过程的第一阶段是从认知问题或需要开始的。需要是购买活动的起点，升高到一定限度时就变成一种驱动力，驱使消费者采取行动以满足此种需要。对于企业的营销管理者来说，在此阶段需要做好两个方面的工作。第一，应该掌握与本企业产品或商标相关联的各种需要，从多方面来满足消费者的需求，吸引更多的消费者。第二，应该了解消费者需求随着时间的推移而发生改变，并且明白欲求不单单只因一种刺激诱发而产生。因此，营销人员要结合认知问题的时期，通过多种刺激来唤起和诱引消费者的需求，最终促成购买行动。

二、收集信息（information search）

一般来说，当消费者意识到某个需求问题的存在，并且应该满足这个需求时，便会通过各种渠道来收集有关的信息。一般来说，消费者收集信息的来源有以下几个方面。

① 人的情报源：家庭、亲戚、邻居、同事、朋友等。

② 商业情报源：广告、杂志、销售员、商人、包装、展示会等。

③ 大众情报源：大众媒体、公众组织、消费者团体等。

④ 经验情报源：产品接触、产品调查、产品使用等。

三、评价方案（evaluation of alternatives）

消费者经过信息收集后，充分掌握了对所需产品的品牌，有可能只有两三个品牌，有可能有几十个品牌甚至更多，这时消费者会根据自己收集到的信息和一定的评价方法对各个品牌予以评价并做出选择。消费者评价方案的方法是多种多样的，即使是同一位消费者，随着购买过程的不同，他所使用的评价方法也不同。大部分的消费者在评价方案的过程里，考虑到产品的属性（product attributes）、消费者的品牌信念（brand concept）、产品效用（uility function）等因素，选择最佳的评价方案，有意识地、合理地、谨慎地做出判断。

四、购买决策（purchase decision）

消费者经过评估选择，会对其所选择的品牌形成一种购买意向，但这并不是实际的购买，由购买意向转化为购买决策还取决于以下两个方面的因素。第一，他人态度。消费者的购买意向在很大程度上还受到他人态度的影响，他人否定态度越强烈，就越会影响其购买行动。此外，还受到消费者本人与他人的关系亲密程度及他人权威性的影响。第二，意外因素。消费者购买意向是以一些预期条件为基础形成的，如预期收入、预期价格、预期服务、预期利益等，如果这些预期条件受到一些意外因素的影响而发生变化，那么消费者的购买意向也可能发生改变。

五、购买后行为（post purchase action）

从产品的购买到消费者做出购买行动并不意味着整个购买决策过程的结束。消费者在购买完产品以后，随着对产品的使用会呈现出满意或不满意的反应。如果随着产品的使用，消费者对其很满意，那么消费者不仅再次购买此类产品的可能性很大，而且还会起到积极宣传本企业产品的带头作用，这对于企业开展营销活动起到很大的帮助作用。反之，如果消费者在使用产品的过程中没有达到预期效果，就会产生不满意的反应。

第三节 消费者保护和全球企业社会责任

一、消费者保护主义的意义

消费者保护主义（consumerism）指市民或政府组织为了应对来自销售者和消费者间产生的消费者不满而采取的应对活动。具体来说，消费保护主义是对企业不当行为的抵抗，同时纠正其不当行为的具有组织性的行动。如今，消费者保护主义最注重的是应对企业营销活动过程中所发生的不满情况，除此之外还包括医院、学校、政府机关等非营利机关，有的甚至已经发展到了有关环境问题的相关领域。

二、消费者的七大权利

（一）安全的权利

安全的权利（the right to be safety）是指消费者拥有健康及生命不受到威胁、保障其安全的权利。对此应该限制有害食品及污染产品等的销售及禁止销售者及政府推卸责任给购买者的行为。

（二）了解的权利

了解的权利（the right to be informed）指消费者拥有根据准确的产品信息充分了解产品知识后选择、购买、使用、消费产品，保障其得到充分便利的权利。保护消费者不受虚假、欺瞒、夸张宣传、非法品质标识等行为欺骗，要求获取相关产品的充分知识和信息的权利，同时享有提供产品安全性的有关信息权利。

（三）选择的权利

选择的权利（the right to be choose）指消费者拥有自由选择、购买商品的权利。因此要确保大量产品及生产者的存在（禁止垄断），并保障任何人都可以加入新的生产领域或是提供新产品及服务。

（四）尊重意识的权利

尊重意识的权利（the right to be heard）指政府的政策立案要充分考虑消费者的意见，并保障其能够得到公正，迅速处理的权利。目前国家或公共企业在制定政策时会听取消费者的意见或建议。

（五）得到补偿的权利

得到补偿的权利（the right to compensation）是指消费者在使用产品的过程中使用效果与实际价值不一致，或是因不良品或服务而受到损失时有要求赔偿的权利。

（六）接受消费者教育的权利

接受消费者教育的权利（the right to consumer edecation）是指消费者为了明智地选购产品及正确的消费生活拥有接受所需教育的权利。

（七）在清洁环境中生活的权利

在清洁环境中生活的权利（the right to a clean environment）是指消费者拥有在干净无污染的清洁生活空间中生活的权利。也意味着保障消费者在清洁环境中的生命安全的权利。

三、全球企业社会责任

全球企业的目标是为企业创造价值，简单的说就是企业通过展开营销活动把产品或服务销售给顾客从而为企业创造价值、赢得收益。全球性企业只有充分地满足全球消费者的需求和欲望，并且能够为当地政府或组织解决就业等紧迫性问题，才可能在发展道路上顺畅并成为行业精英。全球性企业的领导者和管理者必须承担企业社会责任（corporate social responsibility），这种社会责任指企业有义务追求符合社会最大利益的目标和政策。有些国家的商业领导人认为企业的责任就是赢得丰厚的利润，可是商业和营销的新观念是企业的责任是创造价值。也就是说，一个真正成功的并对社会负责任的企业，它的利润应该与创造的经济及社会价值等同。一个对社会负责任的企业就是在赚取利润的同时为社会创造经济价值及社会价值。当然，具有责任感的全球性企业也可能成为批评的目标，但也会吸引到很多的合作商。企业应当以核心战略的方式解决所面临的一些问题。表10-1选取宜家和雅芳事例进行进一步说明，具体内容如下所示。

表10-1 全球营销与企业社会责任

公司/总部所在国	企业社会责任行动的特性
宜家/瑞典	宜家公司在印度的主要地毯供应商负责监督分包商，以确保它们不雇用童工。此外，宜家还帮助种姓地位较低的印度女性减轻她们对放债人的负债。为在印度乡村营造更适合儿童成长的环境，宜家主办了“桥梁学校”以提高当地的识字率，从而使包括女孩和平民在内的年轻人都可以进入正规学校读书
雅芳/美国	该公司的“乳腺癌知识普及圣战”活动已经募集了上亿美元的基金用于癌症研究，这项资金资助了50多个国家的癌症研究

资料来源：沃伦·J.基根，马克·C. 格林. 全球营销［M］. 6版. 傅慧芬，戚永翎，史锐，译. 北京：中国人民大学出版社，2015：521.

很多全球企业都开始关注企业社会责任问题，特别是消费者们都希望自己所购买和使用的品牌或商品是由其行为符合道德伦理、反映社会责任感的企业所制造和销售的。各国政府积极努力加大对企业的监管来减少公司违规行为。全球企业在全球范围内开展经营和营销活动，面临的环境也错综复杂，企业的社会责任也更加具有挑战性，在全球经营中体现社会责任的压力也越来越大。表10-2列举了少数行业中某几家具有社会责任感的代表性公司，具体内容如下表所示。

表10-2 有社会责任感的代表性公司

公司	行为
丰田	开发油电混合动力汽车
雷诺	生产节能型汽车

表 10-2（续）

公司	行为
大众	研发清洁柴油技术
惠普	制定生态标准
东芝	开发高校节能产品
戴尔	循环使用旧电脑硬件
荷兰皇家壳牌	投资风能和太阳能
挪威海德鲁	评估运营的社会和环境影响
森科能源	帮助解决加拿大北部的生态和社会问题
诺基亚	引领淘汰有毒原料
爱立信	在尼日利亚村落建立风能和燃料供能的通信系统
摩托罗拉	披露运营对环境的影响
飞利浦电子	节能电器的创新者
索尼	考虑环保问题并监督供应商的安全和劳动标准
松下电器	生产最先进的绿色产品
罗氏	在用于第三世界国家的药物研究方面投资
诺和诺德	在贫困国家销售优惠的治疗糖尿病药物
葛兰素史克	首次以成本价提供治疗艾滋病的药物

资料来源：伊兰·阿隆，尤金·贾菲，多娜塔·维亚内利. 全球营销. [M]. 郭晓凌，龚诗阳，译. 北京：中国人民大学出版社，2016：388-389.

第四节　服务营销和社会营销

一、服务营销的理解

（一）服务的概念与特征

1. 服务的概念

近年来，随着服务业突飞猛进地快速发展，服务业在我国经济中所占的比重日益增加。服务业给企业带来了更多的利润，同时也给顾客带来了更多的便利和满足。人们在日常生活里和购买产品一样，每天在百货商店、饭店、银行、理发店、美容店、汽车修理店、法律事务所等场所里购买和使用各种各样的服务。也就是说，和产品的情况相类似，我们每天都在购买和使用这些被生产、销售的服务。菲利普·科特勒（Philip Kotler）指出服务是一方向另一方提供的任何活动或利益，它基本上是无形的并且不会产生所有权。芬兰学者克里斯廷·格罗鲁斯是服务营销学创始人之一，他在《服务营销与管理：服务竞争中的顾客管理》一书中将服务定义为："服务是由一系列或多或少具有无形特征的活动所构成的过程，这种过程是在顾客与服务提供者、有形资源的互动关系中进行的，这些有形资源（或有形产品、有形系统）是作为顾客问题的解决方案而提供给顾客的。"[①]广义的服务产业又被称为第三产业，是指除农、林、水产业和矿、工业以外的所有产业而言。美国市场营销协会（AMA）1960年对服务的定义是："服务是用于出售或与产品一起被出售的活动、利益或满足感"。此后又修改定义为："可被区分界定，主要为不可感知，却可使欲望得到满足的活动，而这种活动并不需要与其他产品或服务的出售联系在一起。生产服务时可能会或不会需要利用实物，而且即使需要借助某些实物协助生产服务，这些实物的所有权将不涉及转移的问题。"[②]

服务是指调动人的、物的资料为了满足消费者的需求以提供一系列无形劳动的形式来获取报酬的过程。也可以说，服务是指为他人做事，并使他人从中受益的一种有偿或无偿的活动。不以实物形式而以提供活劳动的形式满足他人某种特殊需要。这种纯粹产业的服务包括以下几方面的内容。

① 住宿业（酒店、宾馆、公寓、住宅的临时使用）。

② 娱乐（娱乐机器的租赁及修理、娱乐场的入场等）。

③ 理发店及干洗店。

④ 医疗及保健业。

⑤ 私营教育机构。

⑥ 专门服务业（法律、会计、经营咨询、市场营销咨询等）。

⑦ 保险及金融（生命及灾害保险、信用及贷款服务、投资商谈、租税商谈等）。

⑧ 运输业（运输货物及运载乘客、汽车修理及租赁等）。

⑨沟通（电话、电信等）。

---

① 克里斯廷·格罗鲁斯. 服务营销与管理：服务竞争中的顾客管理［M］. 韦福祥，等译.北京：电子工业出版社，2008：37.

② 吴健安，郭国庆，钟育赣.市场营销学［M］. 4版. 北京：高等教育出版社，2011：359-360.

2. 服务的重要性

随着经济社会的发展，尤其是知识经济及数码经济的到来，服务业的领域不断扩宽，范围也越来越广泛，新的产业形态层出不穷。服务业的兴衰是现代经济的重要特征之一，是经济发展的一大趋势。如今服务，作为市场性商品出现，其重要性越来越受到重视。依据美国的统计资料显示消费者的消费支出中大约有44%是用来支付服务代价的，而且全民雇佣的约2/3是在服务行业工作的。此外，人们还接受着日常所提供的医疗、通信、金融等营业性服务。同时，随着消费者生活方式的改变，服务产业也随着改变。

（二）服务的特征

1. 无形性

无形性（intangibility）是指服务不能像实体商品那样被看得到、摸得着的。例如：产品，消费者在购买之前可以尝尝或闻闻味道或是摸一摸从而对其进行测试。再比如：在购买服装时，我们可以直接亲手摸一摸衣服的布料，感受一下衣服的质感和欣赏衣服的款式，也可以直接试一试或穿一穿。如果觉得得体合适，便会购买，我们最终得到的是衣服这个有形的商品。但因为服务是不具有形体的，所以大多数情况下，在购买服务之前想通过人的感觉器官对其进行试验是不可能的。因为服务的很多元素是看不见、摸不着的。这也是服务最为显著的一个特征。实际上，真正无形的服务是很少的，大部分服务需要借助有形的实物体才能发生。对顾客来说，购买某些产品或实物，只不过因为它们是一些有效的载体，这些载体所承载的服务或效用才是最重要的。因此，在实行促销活动时，比起服务自身来说，应该把焦点放在提供服务的便利上。例如：保险公司的广告比起保险自身的广告来说更侧重于支付子女助学金、支付养老生活费等的服务。因此，在服务营销里，为了提高消费者的信赖水平和品牌知名度，尽量使抽象的服务水平具体化，才是最为重要的。

2. 不可分离性

服务的不可分离性（inseparability）也可称为同步性，是指服务需要生产者和消费者的共同参与，它的生产过程与消费过程同时进行，不可分离。也就是说，服务是生产和消费同时进行，消费者参与生产过程。这和商品的制造与消费是有所不同的。我们都知道，一般来说，大部分商品由制造商在工厂里生产完以后，通过中间商、零售商等流通系统销售给消费者，然后再进行消费的。然而服务的不可分离性是说服务的消费是在创造服务的过程中同时进行的，服务的生产与消费是具有不可分离性的。例如，医生在给患者看病时，治疗服务当时生产，当时也就结束了。

3. 变化性

服务的变化性（variability）是指服务无法像有形产品那样实现标准化，它随着时间、场所、提供者的改变而发生变化，每次服务带给顾客的效用、顾客感知的服务质量都可能存在差异，也就是说服务具有异质性的特征。不同的服务人员具有不同的性格和服务经验，他们所提供的服务也会存在差异。此外，由于顾客的个性和需求，偏好也各不相同，所以他们对同样的服务感受也会有所不同。

例如，航空公司提供的乘客服务不可能每次都是一样的，汽车的修理服务每次所提供的程度也是不一样的。由此可知，预先估测服务的质量是非常困难和不容易的。由于在服务过程中，服务人员与顾客的心情会出现波动，精力与体力也在不断变化，这些因素都会影响到服务的质量。为了解决类似的问题，企业应积极选拔优秀的人才对其进行教育、培训，通过顾客满意度调查来改善服务，在此方面付出更多努力和投资。例如：银行所实施的顾客态度调查，饭店或航空公司里针对自己的形象或服务水平而积极咨询顾客的意见，实施服务人员的教育，等都是基于此原因。

4. 不可贮存性

服务的不可贮存性（perishability）也可称为易逝性或短暂性，是指服务难以被储存、转售或退回。产品是有形的，直到销售为止可以在仓库里进行保管，即使卖不出去也可以留作库存因而可以贮存，而且有较长的使用寿命，服务则无法保管、贮存。服务不能被积攒起来，当天没有出售的服务以后可能不存在了，没有使用的服务也无法留到以后再使用。例如：顾客在使用美容美发服务时，做完头发后，即使顾客认为服务太差、不满意，也无法退货或转卖给其他人。服务的不可贮存性虽然由于持续不断的需要而无大问题，不过随着需要的变动，情况严重时会产生很严重的问题。服务的主要特征如图10–3所示。

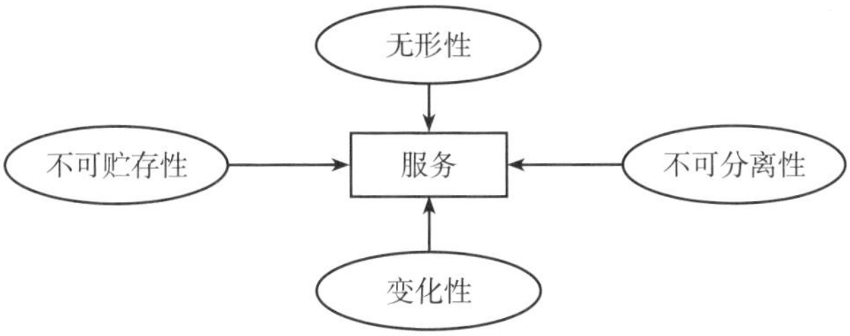

图10–3 服务的主要特征

（三）服务营销的含义与营销组合

1. 服务营销的含义

服务营销（service marketing）是以服务为对象的一种市场营销活动，是通过服务来满足顾客需要和欲求的个人及组织的活动。服务营销不光存在于服务企业，无论是营利组织还是非盈利组织，只要是以顾客为对象而进行的服务活动及其有关的一系列活动，都可视为服务营销活动。服务活动是一种流程，是服务人员和顾客共同参与互动的流程。格罗鲁斯将员工、技术、知识、顾客时间和顾客作为企业的资源纳入服务营销体系，形成服务营销三角形，它由外部营销、互动营销和内部营销三个核心部分组成。具体框架如图10-4所示。

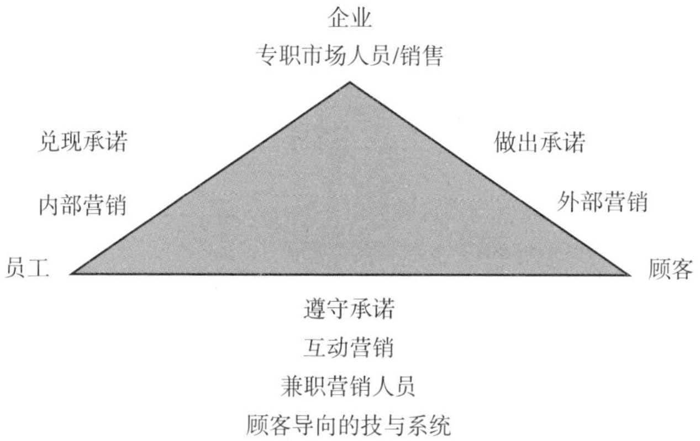

图10-4　服务营销的三角形

资料来源：王永贵. 市场营销［M］. 北京：中国人民大学出版社，2019：250.

2. 服务营销组合

随着社会和经济的发展，人们的生活方式发生了变化，消费者的收入不断增加，消费观念和意识也发生了很大转变。人们对服务需求的增加促使服务业飞速发展。随着人们的需求多样化和生活方式的改变，人们对服务的要求提高了，并期望得到优质而满意的服务。与传统营销组合不同的是，服务企业也很重视产品、价格、分销和促销，但在使用时，需要对营销组合进行调整。服务营销组合因素在传统营销组合（4P）：产品（product）、价格（price）、渠道（place）、促销（promotion）的基础上又加了3P，人员（people）、有形展示（physical evidence）及过程（process），称为服务营销7P'S组合。表10-3对服务营销组合和有形产品营销组合进行了比较，具体内容如表10-3所示。

表 10-3　服务营销组合和产品营销组合的比较

营销组合	产品	价格	渠道	促销	人员	有形展示	过程
服务	服务范围 服务质量 服务水准 服务品牌 包装 保证	灵活性 区别定价 折扣 认知定价 付款条件	渠道设计 店面位置 可用的网络 仓储 运输	媒体类型 广告 宣传 公共关系 个性服务 营业推广 人员推销	员工招聘 员工培训 内部营销 顾客参与度 顾客教育 顾客行为	员工服装 设施设置 色彩 声音 招牌 招贴画	活动流程 标准化 定制化 员工授权 顾客参与
有形产品	产品线 产品组合 包装 品牌 质量 售后服务	折扣 付款条件 价格变动 贸易折扣	渠道选择 渠道设计 运输 仓储 递送服务	广告 人员推销 媒体选择 公共关系 营业推广			

资料来源：王永贵. 市场营销［M］. 北京：中国人民大学出版社，2019：246.

（1）产品决策

和有形产品不同的是，大部分的服务是不可贮存、看不到摸不着的，使用之前是无法评价的。因此，服务的购买者们依据以前的经验、使用费、名声、商标、促销活动等这些抽象的特性来进行意识决策。服务产品包括核心服务、便利服务和辅助服务。为了使服务产品和竞争者的产品有区别，连带对核心服务（core service）及起辅助作用的附加服务一起使用会更有益。核心服务体现了企业为顾客提供的最基本效用。例如，宾馆的核心服务虽然是住宿，但为了客人方便理应具备会议室、体育场、餐厅、桑拿等设施，此外连带提供交通工具、预约机票及打折等服务一起销售的情况也很多。

此外，律师、医生、税务师等专业服务相对来说更侧重提供差别化服务。在服务产业中，商标是树立产品差别化的重要手段。商标是一种无形资产，具有价值。商标代表着商标所有人生产或经营的质量信誉和企业信誉、形象，商标所有人通过商标的创意、设计、申请注册、广告宣传及使用，使商标具有了价值，也增加了商品的附加值。商标的价值可以通过评估确定。商标是用来区别一个经营者的品牌或服务和其他经营者的商品或服务的标记。因为顾客把服务品质和有名商标联系在一起评价，所以在服务营销中商标是占据竞争优势的重要因素。

（2）渠道决策

大部分的服务是从生产者开始直接传递给消费者或产业使用者的。不过因为服务具有和生产者不可分离或生产同时就被销售的特性，所以无法使用中间商。在服务行业中经常见到的流通渠道是在服务业和顾客之间存在一个中间商，即代理店或是经纪人的形态。例如：保险公司或旅行社等通过代理店来管理和控制服务；零售机构里由于引入使用信用卡而银行就成了零售机构和顾客的中介人。再如展销会、歌舞剧团表演、各种比赛等，往往需要中介机构推销门票。大部分情况下，由于服务的无形性、不可分离性在产品营销里所看到的流通问题在此几乎没有发生。由此可见，销售服务产品最重要的营销中间商是代理人。在服务的渠道即分销因素中，选择服务地点至关重要。像大型购物中心、电影院、剧场、餐厅等服务组织，如能坐落在人口密集且交通便利的地段，服务流通的范围会比较广泛，营业收入和利润也就会较高，随之所获得的收益也就会相应得到提高。图10-5是关于服务渠道的类型的说明。

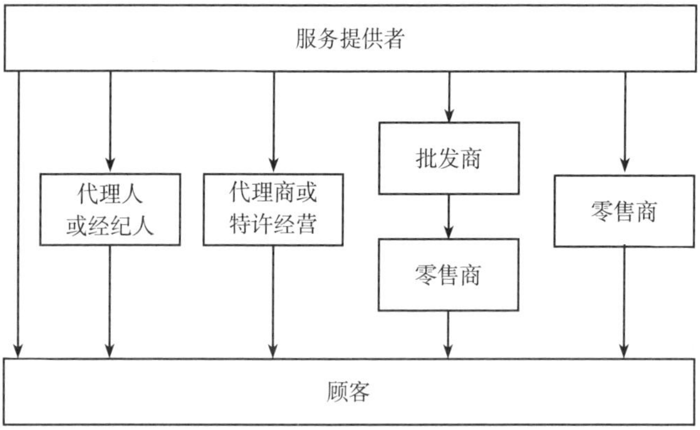

图10-5　服务分销渠道类型

（3）促销决策

服务产业里，服务也应被看作有形体并积极努力使顾客们能直接确认和赋予关心。也就是说，只有把服务产品和有形的、具体的象征物连接在一起，才能更有效地、快速地进行服务产品的促销活动。

服务行业中生产、销售某种产品虽然很重要，但比其更重要的是应该掌握消费者需要什么样的产品。服务促销包括广告、人员推销、营业推广宣传、公共关系等营销沟通方式。服务业中，比起给顾客销售服务产品自身来说，更需要充分认识和确认销售该产品所带来的便利和氛围的概念。由此，对服务产品促销活动的成功与否关系到是否能是在顾客心目中养成如安全、信赖性、友好关系、公平性或正直的好意和积极的形象。

（4）价格决策

价格在现代社会的日常应用之中一般指进行交易时，买方所需要付出的代价或付款。服务业里，表现服务价格的用语有入场费、利息、使用费、手续费、代价、事例等多种多样。价格不仅对服务的需要有影响，而且还是该企业销售服务的水平给顾客展示的指标。因为顾客依据价格这样的线索对服务形成自己的期待，所以价格水平的决定对服务品质和价值及顾客的知觉有很大的影响。

由于服务质量水平难以统一定位，质量检验也难以采用统一标准，加上季节、时间因素的重要性，服务定价必须有较大的灵活性和弹性。价格水平的变动起着改变消费者需求量、需求方向，以及需求结构的作用。在市场上，借助于价格，可以直接向企业传递市场供求的信息，各企业根据市场价格信号组织生产经营。特殊的是，因为消费者直接参与服务生产的全过程并对其进行主观评价，所以随着消费者欲求的改变，服务商品的品质水平也会随之改变，而且大多数情况下，根据不同的顾客所提供的服务价格也有所不同。因此，正确的表示价格水平是最有效的方法

（5）扩张式服务营销组合

传统的营销组合包括4P：产品（product）、价格（price）、渠道（place）和促销（promotion），它们构成服务营销核心的独特变量，构成4P营销组合。美国服务营销学家克里斯托弗·洛夫洛克经过深入研究，对这4P营销组合进行扩展，加入三个与服务传递相关的要素：有形展示（physical evidence）、过程（process）和人（people），构成了7P的服务营销组合。具体内容如下。

人员。所有的人都直接或间接地被卷入某种服务的消费过程中，这是7P营销组合很重要的一个观点。在营销组合里，意指人为元素，扮演传递与接受服务的角色。换言之，也就是公司的服务人员与顾客。在现实营销实践中，公司的服务人员极为关键，他（她）们可以完全影响顾客对服务质量的认知与喜好。尤其是服务业，人员素质参差不齐，服务表现的质量就无法达到一致的要求。

过程。服务是通过一定的程序、机制及活动得以实现的过程（即消费者管理流程），是市场营销战略的一个关键要素。进一步说，如果顾客在获得服务前必须排队等待，那么这项服务传递到顾客手中的过程，时间的耗费即为重要的考虑因素。

物质环境。它也可称为有形展示，包括服务供给得以顺利传送的服务环

境、有形商品承载和表达服务的能力、当前消费者的无形消费体验，及向潜在顾客传递消费满足感的能力。其重要性在于顾客能从中得到可触及的线索，去体认你所提供的服务质量。因此，最好的服务是将无法触及的东西变成有形的服务。

二、社会营销的理解

（一）社会营销的概念

对于社会营销的概念至今为止都没有明确的规定。1971年由菲利普·科特勒（Philip Kotler）和查尔曼（Zaltman）首次提出社会营销的概念。社会营销是以特定社会理念为营销对象，运用市场营销的原理和技术有目的地促进目标人群自愿改变其社会行为，从而提高个人、集体和社会利益的理论、方法策略和技术。同时，社会营销也为当今企业的经营者提出了新的经营理念，这些理念不光要解决经济层面的费用问题，还包括社会费用、社会产品、社会产量问题，也就是说企业应负有社会责任，把重心放在社会利益上。图10-6显示了营销概念与社会营销概念的区别。

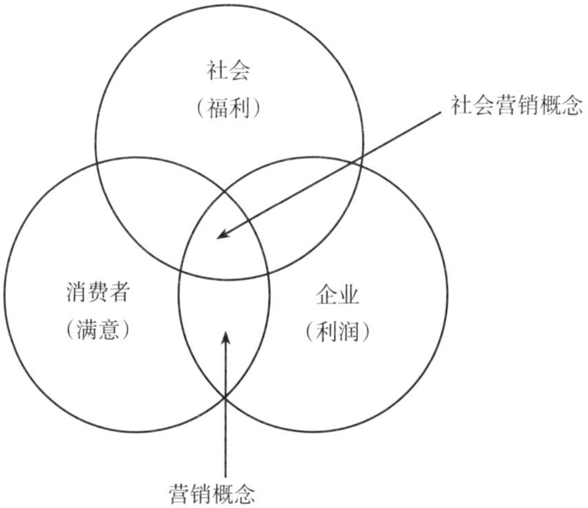

图10-6　营销概念与社会营销概念的追求目标

（二）社会营销的产生背景

众所周知，在1950年后期产生的营销概念（marketing concept）不仅为企业的营销活动带来了巨大的变化，也为营销哲学的整理及有效实现企业目标起到了很大的作用。但是，以营销概念为基本理念的管理营销（managerial marketing）无视消费者的倾向，使得企业的营销活动对社会整体造成的影响没有给予很大的关注。特别是在1970年以后，严重的环境污染、资源枯竭、世界性的通货膨胀、人口激增、经济萧条等现象的发生使得管理者意识到旧式营销概念并不能圆满达成营销目标，这就要求新理念的到来。

从消费者的角度批判旧式市场营销有以下几方面的内容：一边强调消费者指向的重要性，一边无限扩大产品的性能或作用来刺激消费者的购买欲望；提供劣质产品或低安全性的产品或服务；由于过于陈旧的救策面助长了浪费，完全无视非使用者的欲求；等等。对于这些批评进行反省，并在进入20世纪70年代后开始扩散：①遏制需求；②消费者主义（consumerism）、净化环境（clean-up）、保护资源（conservation）的3C运动的扩大；③资源枯竭等环境变化；④对于福利社会的关系递增；⑤由于高收入引发的消费者生活方式的改变；⑥企业的社会责任感的增加等现象都为促进社会营销的产生提供了契机。基于上述背景，进入20世纪70年代以后，许多学者都提倡对社会营销进行研究，这些研究的共同点在于主张对市场营销问题或现象的基本解决方案进行重新审查。

（三）社会营销的具体活动

社会营销是一种运用商业营销手段达到社会公益目的的营销方式，由于它具有广泛的社会性，很多企业把商业运营模式放到公共领域，通过营销活动获得良好的效果。社会营销的基本理念是不仅仅注重利润，而是首先考虑到对企业周边环境及社会的影响，通过对企业内部有效管理，为社会做出贡献。

1. 产品计划

在计划生产产品前要进行市场调查，这种调查是针对消费者的，通过调查得知他们所期待的产品及服务，获知消费者的真正欲求而发展的。而不是为了销售而进行市场调查的。产品计划最需要重视的是通过改善品质或性能和确定质量标准来树立长远的、可以满足消费者欲求的计划。

2. 定价

Kelley主张，由于法律、技术、社会制约等原因，应逐渐强化限制定价的条件。特别是强调企业的社会责任和消费者保护运动等问题，不仅在法律上施以影响，更以快速的发展速度成为限制定价的另一因素。紧接着伦理性定价便成了重要的问题。从消费者的社会福利方面来看，道德性定价政策可以推动社会政策的发展，满足消费者的需求，造福社会。

3. 决定渠道

社会营销中流通渠道问题的重点是再循环（recycling）问题。流通的循环指产品使用以后，为了合理有效地活用废弃物而进行的逆流通过程（reverse distribution process）。社会营销要在防止资源枯竭的同时防止废弃物对环境造成污染。在再利用过程中对废弃物的收集、分类、粉碎、运输都需要花费大量的费用，因此如何确定和改善流通体系便成了需要首先解决的重要课题。

4. 决定促销

在促销的众多方法中，特别是广告总会成为大家批判的对象。在实施社会营销的过程中最重要的就是要考虑广告的社会性，杜绝夸张虚假的内容，立足实际，展现现实情况。这种情况下，企业应该选择可以明确阐明产品特征和对消费者提供便利的生活信息广告，也可以在追求利润的同时选择那些参与解决社会问题、环境问题的社会福祉类企业广告等，这些都是很好的促销方法。

第五节　全球营销展望

对于全球企业的营销管理者来说，要时刻准备抓住未来机会，并面对挑战。我们虽不能预测未来，但我们却可以识别并追踪主要发展趋势。关于全球营销未来的展望，我们主要介绍八个主要趋势，具体内容如下[①]。

① 全球化及信息科技。全球化最重要的单一驱动力是信息科技，包括计算机和计算处理、网络、云端处理、无线连接社交网络（如脸谱网、领英与推特）、便携式电话、平板电脑、宽带及信息科技对市场的深入渗透。

② 距离消失。一开始，距离就是营销中的重要变量。过去的一万多年，科技的不断进步拉近了世界距离，比如马、轮子、帆船、蒸汽机、铁轨、道路、货车、汽车、卡车、轮船、集装箱运货船、飞机、电报、电话、无线电及之后出现的网络。万维网的出现可能在更短的时间内比之前的任何其他科技发明更多地缩短了世界距离。万维网使数据及声音的交流不再有距离。

③ 技术融合及与顾客连接。顾客不再将营销从产品及服务中区分开来——这就是产品与体验。尽管已经使用数字化描述各种各样的网上科技，对数字化更广泛定义指向顾客体验，需要将营销专业人员的注意力从科技或具体设备转

①沃伦·J. 基根，全球营销管理［M］. 张政，译. 北京：清华大学出版社，2020：323-324.

移到对顾客重要的事情上来，也就是顾客的预期、愿望及需求。

④ 世界经济增长及其他国家的崛起。过去的60年，世界经济已经发生革命性变化，或许最深刻的变化就是全球经济的重新平衡，过去400年欧洲和欧洲人迅猛崛起，在全球占据优势，但现在世界其他地方也正在兴起。

⑤ 人口变化。1.2万年以前，还没有“农业”这一说法的时候，世界大概有100万人口。到公元1世纪的时候，人口增长到2.26亿，人口增长到10亿花了1800年。两个世纪前马尔萨斯就预测到了人口增长，2011年人口增长到了70亿。

⑥ 澄清贸易周期。贸易周期模型描述一些高收入国家（尤其是美国）中几代管理者的行为，他们认为随着产品成熟，生产地点会向低收入国家转移。对于可持续竞争优势来说，这从来不是可行战略。这为必须保持成本竞争力、逃避创新必要性的公司提供了短暂的一次性优势，在劳动力发展及竞争力方面，这给高收入国家造成了不良后果。在贸易周期模型下，公司的短期利益与其母国脱离，导致更多成熟市场中经济指标恶化。

⑦ 新典范：共享价值。营销的任务是创造价值，价值是顾客利益与价格之间的关系。我们可以这样表达：价值=利益/价格。公式很简单，但是许多公司的眼光短浅、狭隘，没有意识到他们不能忽视顾客的长远利益。

⑧ 可持续性。联合国的布伦特兰委员会给出可持续性的定义：可持续发展就是在满足当前需求的同时，不牺牲后代满足其需求的能力。可持续性的重要性随着世界人口与收入的增长而增长。营销应引导公司与消费者向可持续的实践、产品及服务发展。

为了对全球营销环境中的机会和威胁做出正确的反应和应对措施，组织领导发展全球视野和战略。全球化世界中的国家是彼此依赖、彼此依靠、共同发展的。全球企业在发展全球业务的同时，一定要遵守一系列行为准则，例如联合国、经济合作与发展组织和透明国际组织等非政府组织所公布的准则，还有进入国国家的一系列行为准则和规章制度，对消费者负责、对企业负责、对社会负责。

第六节 本章小结

消费者积极探索为了满足自身的需求、欲望的产品或服务的这一系列过程活动可以称为消费者行为，也就是说消费者行为是指消费者为了获取、使用、处置消费物品或服务所采取的各种行动的总和。影响消费者购买行为的因素很多，人们的消费行为、购买决策在很大程度上受到文化、社会、个人、心理和情境等因素的影响。

对于消费者的购买决策，一般可以分为认知问题、收集信息、评价方案、购买决策和购买后行为五个阶段。消费者购买决策过程的第一阶段是从认知问题或需要开始的。当消费者意识到某个需求问题的存在时，并且应该满足这个需求时，便会通过各种渠道来收集有关的信息。消费者经过信息收集后，充分掌握了对所需产品的品牌，有可能只有两三个品牌，有可能有几十个品牌甚至更多，这时消费者会根据自己收集到的信息和一定的评价方法对各个品牌予以评价并做出选择。消费者经过评估选择，会对其所选择的品牌形成一种购买意向，但这并不是实际的购买，由购买意向转化为购买决策还取决于他人态度和意外因素两个方面的因素。消费者在购买完产品以后，随着对产品的使用会呈现出满意或不满意的反应。

服务是指调动人的、物的资料为了满足消费者的需求以提供一系列无形劳动的形式来获取报酬的过程。服务具有无形性、不可分离性、变化性及不可贮存性的特征。服务营销是以服务为对象的一种市场营销活动，是通过服务来满足顾客需要和欲求的个人及组织的活动。服务营销组合因素在传统营销组合4P（产品、价格、渠道、促销）的基础上又加了3P（人员、有形展示及过程），称为服务营销7P'S组合。

社会营销是一种运用商业营销手段达到社会公益目的的营销方式，由于它具有广泛的社会性，很多企业把商业运营模式放到公共领域，通过营销活动获得良好的效果。社会营销的基本理念不是仅仅注重利润，而是首先考虑到对企业周边环境及社会的影响，通过对企业内部的有效管理，为社会做出贡献。

全球营销主要有八大趋势：① 全球化及信息科技；② 距离消失；③ 技术融合及与顾客连接；④ 世界经济增长以及其他国家的崛起；⑤人口变化；⑥ 澄清贸易周期；⑦ 新典范：共享价值；⑧ 可持续性。

思考题

1. 什么是消费者行为？它有哪些特性？

2. 消费者购买行为受哪些因素的影响？能举例说明吗？
3. 请简单陈述消费者购买决策有哪些过程。
4. 你知道消费者都有哪些权利吗？
5. 什么是服务营销？服务营销的7P'S都包括哪些内容？
6. 什么是社会营销，其产生的背景是什么？
7. 全球营销的主要发展趋势有哪些？